生活勵志

此時此刻，就是最好的時刻

暢銷心靈作家　何權峰　著

高寶書版集團

作者序／

你一天會看多少次的時間？明白時間在和我們訴說什麼嗎？它在告訴我們：我們不會永遠停留在這裡。時間一直前進，每分、每秒、每個時刻流失過後，就再也無法回頭重新來過。

我們稱此時此刻為「現在」。那麼，當我們說「現在」的片刻，它就消失成了過去，它已經不是現在。而那個我們稱為「未來」的片刻，它就變成現在，而朝向「過去」移動。

每一個當下皆彌足珍貴，稍縱即逝。但問題在於，我們多數人都活在過去與未來的交錯，充斥由此而起的念頭——對過去發生的一切自責或悔恨，對將來未發生的一切焦慮或不安。哪怕我們正在享用美食、遊山玩水，都無法真正活在當下。

很多人以為在未來某個時刻，快樂將會到來，一切事情將順順利利，生活將精彩地展開。但真正來臨時，結果往往令人失望。有人總是等待著某個特殊日子，等待著幸福，等來等去，珍貴的時光已不復存在，留下的是遺憾。

為甚麼我們要活在當下？

活在當下，就是活在「此時此刻」。過去的事已經發生了，再怎麼懊悔也無濟於事；未來的事可望而不可及，再怎麼憂慮也徒勞無功。

活在當下，就是將自己的心神帶回現在，我們就從對過去的執著或對未來的煩憂中抽離，就可以細致地感受生活，真正地享受當下的快樂。

《被討厭的勇氣》有段話說的透徹：

哲人：請你想像一下自己站在劇場舞臺上的樣子。此時，如果整個會場都開著燈，那就可以看到觀眾席的最內側。但是，如果強烈的聚光燈打向自己，那就連最前排也看不見。

我們的人生也完全一樣。正因為把模糊而微弱的光打向人生整體，所以才能夠看到過去和未來。但是，如果把強烈的聚光燈對準「此時此刻」，那就會既看不到過去也看不到未來。

我們應該更加認真地過好「此時此刻」。如果感覺能夠看得到過去也能預測到未來，那就表示你沒有認真地活在「此時此刻」，而是生活在模糊而微弱的光中。

是的，只有此時此刻是屬於我們自己的，我們能把握的也只有現在。

人不斷的思索和爭論，人生中最重要的事是什麼？有人說是財富，有人說是名聲，有人說是家人、情感，有人說是快樂、幸福等等。其實不同的人，價值觀不同，人生的不同階段，答案都是不一樣的。

但無論是誰，最重要的都是「過好生活」。

不要以為人生還長，時間還有，等到「如果有一天」再過美好生活。當知世事無常，幸福也長著翅膀會飛。活在當下，坦然接受不完美人生，隨遇而安並樂在其中，如果你可以這樣過日子，此生無憾。

人生是一連串片刻的累積，一個個當下的層疊。過好現在，就是對未來最好的交代。如果你可以過好一個人的生活，一定可以過好這一生。如果你把當下的每一刻過好，人生必定美好。

活在此時此刻，全然投入你正在做的事上，就不會胡思亂想。留心觀察生活裡美好的事物——陽光明媚，白雲悠然，季節花開，枝頭綠葉迎風搖曳，用心感受有一份閒適輕盈、一份歡喜在心中盪漾，安於此時此刻，就是最美好的時刻。

作者序 003

過去的事／

人生最後悔的事，就是一直在後悔 014
沒有不遺憾的選擇，只有不留遺憾的自己 020
過去就讓它過去，該放下的學會放下 026
走出悲傷的，不是遺忘而是記得 032
生命的每一道難題，都包含一份禮物 038
「你的人生」這個故事，是自己寫的 044

未來的事／

人生，不會照著我們的計畫走 052
每個人都有自己的煩惱 058
這一刻的陰霾，或許下一刻柳暗花明 064

CONTENTS

擔心沒用，那為什麼要擔心？ 070
未來的事，交給未來就好 076
為了未來而活，我們真的活過嗎？ 082

現在的事／

一定要享受過程 090
一心一意，專注一事 096
當下這一刻才是真實的 102
活在當下，是所有負面情緒的解藥 107
你越接受當下，受的苦就越少 113
安於當下，就是最好的生活 119

此時此刻，你的心在哪裡？／

為什麼你總是不在你在的地方？ 128
回到當下，專注此刻 134
心慢下來，生活才會慢下來 140
你感到幸福的地方，那裡就有你的幸福 146
生活是自己在過，不快樂是比出來的 152
心是快樂的，在哪裡都快樂 158

此時此刻，你的內在發生什麼？／

「念頭」是情緒的「源頭」 166
你此刻的想法，決定此刻的心情 172
你專注什麼，就會發現什麼 177
你的想法，就只是「想法」 183

CONTENTS
時時覺察，靜心「觀看」 189
每一刻，都是全新的開始 195

此時此刻，就是人生最好的時刻／

現在能做，為什麼要等到以後？ 202
以後，也許再沒有以後 207
人生匆匆，珍惜當下 213
學會死亡，才能學會活著 219
快樂不在遠方，而是樂在其中 225
不留遺憾的人生 230

過去的事／

過去很重要，那些遇過的人，發生過的事，都構成生命履歷。

過去也不重要，曾經種種皆為過往，發生的事都已無法更改。

你無法從頭來過，但可以重新開始。

放下過去的最好方法，就是過好你的現在。

當你活得越好、越精彩，過去的悲苦就會越模糊。

人生最後悔的事，就是一直在後悔

在人生道路上，我們常有這種感嘆：「如果當初……就好了！」經常聽人說：如果當時我讀某個科系；如果當年跟某人結婚；如果我沒離開那家公司；如果接受另一份工作；如果我當初選擇了買房；如果我沒有這樣決定……。說這些沒有意義。因為當你選擇一條路，就無法確定另一條路的結果，既不知道，又如何認定另一條更好？

曾有一位學生向我抱怨，他說：「假如我不是現在的父母所生，假如我是生在不同家庭，我的命運絕不是那樣。」

我告訴他：「假你不是現在的父母所生，不是生在同一個家庭，你的命運當然不同，你將不是『現在的你』。然而假如你不是現在的你，又怎麼能以『我的命運』來說呢？」

後悔、內疚、遺憾，是把「現在」的觀點，套用到「過去」的事。但誰能事先知道？誰又能在當下明白很多年後才知道的事？

世上的可能性很多，卻唯獨沒有「如果」

今天你選了這個，不順了，你可能後悔：「如果當初選擇另一個就好。」如果另一個選擇，不順了，你一樣會後悔。畢竟，得不到或失去的，永遠都是最好的。

看別人婚姻美滿，你可能會想：「如果當時跟某人在一起就好了。」但你怎確定你們能在一起？怎知在一起就好？愛是會變的，不同人放在一起，會產生不同的化學變化；人和人相處久了，多半已不是當初想的樣子。

投資賠錢，你可能懊惱：「當初要是買房就好了」、「如果我買下某支股票，現在早就賺翻」。千金難買早知道。萬一當初跌價呢？誰又能說得準。就算真的買對時機，也可能後悔太早賣了，後悔當時沒多買一些，又或者轉投資後賠更多。

親人發生事故，你可能自責：「如果我當時……他也許不會遇難；或許那場災害就不會發生；或許他就不會出事……。」你能預知未來發生的事嗎？你能確知怎麼做就不會發生意外？答案當然是否定的。

看過一部電影，其中一段是女主角遇上交通意外，結果斷送了她的舞蹈事業。若非她回頭拿忘了帶的東西，就不會在那一刻走到街上；也就不會碰上了朋友、轉了頭，因此看不到那輛計程車；假若不是早前遇上塞車，計程車不會拐到這小巷來；要是另外一個人攔了那輛計程車，就不會走那段塞車的路而在這一刻來到，這個意外就不會發生……。

任何人都沒有一顆預知未來的水晶球。你永遠不會知道今天早點或晚點出門，在路上停留或轉個彎，去做或不做那件事會不會有截然不同的遭遇。事情發展往往「始料未及」，否則就不叫意外了。

你可以回頭想，但是你永遠只是現在的你

有個人在路上走，不小心突然跌了一跤，他嘀咕了一句：「真倒楣」，爬起來拍乾淨身上的土，又繼續趕路了。

走了不久，他腳下一絆，又摔了一跤，這次他更惱怒地說：「早知道還要摔跤，上次我就不爬起來了。」

是否覺得好笑？人在事後常會有「早知道」的感慨，但如果當初我們知道怎麼做，早就這麼做了。

你以為人生重來一次就好了，其實不然。即便時間重來一次，再回到過去，你也會做出一樣的選擇，因為你還是當時的你。人只有經歷過、嘗試過、傷過、

痛過、才能明白，這就是成長。

丹麥哲學家齊克果說的對：「只有走過才能了解，但必須往前看才活得下去。」有時候我們必須回顧過去，反省自己，但追悔過去可不是這樣。後悔純粹是浪費時間精力，既無法改變過去，也無法成就更好的未來。

人生要向前看，已經錯過的，不必再留戀。做錯了選擇，不要再懊悔，要專注在能改變的事情上。要知道，等多年後回顧的早已不是當初那個選擇，而是你為這個選擇做了什麼。

不要被後悔困在原地。人生最後悔的事，就是一直在後悔。

給想停止後悔的你四個建議：

一、**知道自己在當時已盡力了。**要明白自己「不能預知」，要接受自己「不能掌控」這個事實，要承認自己的能力是有限的，自己的影響力也是有限的。

二、**不必害怕承認你感到後悔。**後悔是有反省、有成長的人。後悔不是提醒自己有多差勁，而是提醒我們能做得更好。

三、**想像自己十年後再回顧這件事。**人生是一場馬拉松，當回顧往事，你會發現一些在當時重大懊悔的事，十年後再看，也不算什麼。

四、**相信一切都是最好的安排。**一切經歷都是必須，一切錯失都是為了更好的你。如果事與願違，相信上天一定另有安排。福禍相依，安知未來不會發生驚喜的改變？

沒有不遺憾的選擇，只有不留遺憾的自己

幾天前和鄰居閒聊，他提到他兒子正為找工作的事糾結：一份工作，工作時間短，薪資前景一般，但工作穩定；另一份工作，工時長，薪資前景好，穩定性相對較差。

人生中許多決定都是類似的例子。

有兩個對象，一個有錢，沒顏值；另一個有顏值才華，但沒錢。該選誰？

大學沒考進自己理想的科系，要重考，還是靠轉系考翻身？

要選擇繼續留在沒有前途的公司工作，還是毅然辭職？

要選擇發展事業，還是回歸家庭？

人生就是一個不斷選擇和放棄的過程。你選擇進入這間公司，等於放棄了其他公司帶給你的各種可能性；選擇了生活城市的多采多姿，就放棄了鄉村的悠閒簡樸；選擇成就一番事業，就要放棄一定程度的安逸享受；選擇安穩平靜的生活，必然要放棄掌聲和名利的風光。也就是說不懂得放棄，就做不出選擇。

魚與熊掌不可兼得，無論怎麼選都會有遺憾。關鍵在於你想要什麼，願意放棄什麼。最怕就是心猿意馬，患得患失，做了一個決定，卻不斷懷疑如果選擇另外一個會有多好。那些放棄的，就會在日後成為我們的遺憾。

沒有完美的選擇，只有把選擇變得更完美

有位企業家在商場上有著卓越的成就。當他在事業達到巔峰的時候，有一天陪他的父親到一家高級的餐廳用餐，現場有一位琴藝不凡的小提琴手，正在為大家演奏。

這位企業家在聆聽之餘，想起當年自己也曾學過琴，而且幾乎為之瘋狂。便對他父親說：「如果我從前好好學琴的話，也許現在在上面演奏的就是我。」

「是呀，孩子。」父親回答：「不過那樣的話，你現在就不會在這裡用餐了。」

選擇你所愛的，愛你所選擇的。人生沒有「完美選項」，最後多少都有缺憾，而我們能做的就是「Don't regret regret.」（別對遺憾感到遺憾）。

有個朋友，他原本擔任行銷企劃，因為羨慕詩人、畫家那種自在的生活，毅然辭職，從事藝術工作，靠售賣個人的創作勉強為生。有次我問他：「你會擔心生計？」「會呀，但這是我的選擇，為了自由和理想，我願意付出這個代價。」

回想我決定離開醫學中心的時候，也曾陷入掙扎。在大醫院雖然資源多，但我更想做自己喜歡的事。

當決定離開，有人問我，你不怕自己選錯嗎？我必須承認，當時我真的不確定。我只知道，這是我的選擇，無論結果好壞，都欣然接受。

人生只有一次，別把遺憾留到沒機會的時候

生命總是夾帶著許多的不確定在前進。沒有人能保證自己的選擇一定是對的。人生的可貴就在這裡，我們不知道未來會發生什麼，但依然勇往直前。因為每個選擇都有利有弊，生活才有酸甜苦辣。不管走在哪條路上，都可以看到不一樣的風景。

選擇，沒有最好的，只有最適合自己的。就像當時有個同事毅然決然放棄去美國進修，許多人都覺得好可惜，失去大好機會。可是一想到未來幾年孩子的人生將沒有父親的出現，他實在是不能忍受。直到今日他依然覺得自己當年的決定是對的。

當躊躇不定時，不妨先問自己：「要是沒有把握這次機會，以後會不會遺

憾？」「錯過了哪一個選擇，會讓你終生遺憾？」

人生，沒有不留遺憾的選擇，只有不留遺憾的自己。有些事，當時沒去做，可能永遠沒機會；有些人，一旦錯過，就再也見不到了。過錯只是暫時的遺憾，錯過才是永遠的遺憾。想想，一個人沒過上自己想要的生活，沒去做自己喜愛的事，那該多遺憾？

人生最遺憾的，不是我不行，而是我原本可以。最遺憾的人生，就是人生留有遺憾。

常有人問：「我該怎麼做？」「我要怎麼選擇？」

「看你要什麼。」這就是答案。假如你到市場買菜，你會挑自己要的，還是跟隨別人的喜好？如果你不喜歡，你買還是不買？

每個人要的東西都不同，答案只有自己知道。當某東西符合你的需求，你會知道。當你滿心歡喜時，你會知道；當你不開心時，你心裡很清楚。因為人生是你自己的，感受是自己的，生活也是自己要過的，你要傾聽自己內心的聲音，選擇自己需要的、自己真正想要的，而不是別人告訴你的。

過去就讓它過去，該放下的學會放下

人生，是每一個過去加起來的結果。

過去很重要，那些曾遇過的人，受過的傷，發生過的事，都一樁樁構成了生命履歷，成就了我們現在的樣子。過去也不重要，曾經的種種皆為過往，開心也好，失意也罷，發生的事都已無法更改，不需要再花時間執著留戀。

過去是一種借鏡，讓我們從錯誤中吸取教訓，以免重蹈覆轍。過去也是一個包袱，留戀徒增悃然，執著徒增苦惱和悲傷。

是德川家康說的吧：「人生不過是一場帶著行李的旅行，我們只能不斷向前走，並且沿途拋棄沉重的包袱。」

無論是否意識到，我們都扛著舊日的包袱，其中有許多讓我們感到沈重，有些是令我們悔不當初，還有許多無法釋懷和原諒的事。例如遭遇不公平與不公義的對待，也許有人佔你便宜、欺騙你、背叛你、傷害你……。放下，談何容易？如果不放下，會不會比較容易？不放下就一直揹負著，消耗心神，無法充分體驗當下，更阻礙前進的步伐。

你以爲事情不會放過你，其實是你不會放過自己

讀過一個故事。上課時，教授端著一杯水問同學們：「這杯水有多重？」

同學各種回答都有。

教授回道：「絕對的重量並不重要，它取決於端著這杯水多長時間。如果一分鐘，沒問題。如果端一個小時，我的手臂會疼。如果端一天，我的手臂將會麻木癱瘓。」

教授接著問：「那我要怎麼做，才不會痛呢？」

「把杯子放下來！」同學們異口同聲地回答。

的確如此！過去的種種都已過去了，現在存在的痛苦並不是過去帶給你的，是自己抓著不放。

學會放下，是放過自己。有時候當我們遲遲無法原諒某人或某事時，真正受苦的始終是自己。被恨的人沒有痛苦，怨恨的人卻遍體鱗傷。當你放下，就會發現，原諒別人，其實是放過自己。

學會放下，是珍惜現在。多花一分鐘去想厭惡的人，不愉快的事，就少一分鐘活出你的快樂。珍惜此時此刻，珍惜身邊對你好的人，珍視美好的事物。懂得珍惜，才會幸福。

學會放下，是重獲新生。你無法從頭來過，但可以重新開始。放下，才能夠騰出手來，抓住真正屬於你的快樂和幸福。放手不是讓你失去人生，而是啟動新人生，發現新的可能。

你活得越好，過去的悲苦就會越模糊

泰戈爾在《飛鳥集》中寫道：「只管走過去，不要逗留著去採得花朵來保存，因為一路上，花朵會繼續開放。」花開自有花落時，不要因為悲傷花兒的凋謝，而錯過下一個花期。

人無法決定自己會不會受到傷害，但可以決定是否讓它影響你的人生。不在意你的人，不值得你在意。厭惡的人，不值得你浪費心力。犯錯和失敗不算什麼，別讓過去定義你的未來。

記住，不管過去發生什麼，永遠不要把自己當成受害者。老把自己當成受盡委屈、壓迫的受害者，會讓內心深陷卑微，時常充滿憤怒、無助、沮喪、無力感。

相反，為自己應該負責的部分負責，問問自己：「為什麼我會遭遇這樣的事？為什麼我會做這樣的選擇？為什麼任由對方這樣對待？」把目光放回到自己身上，檢視自己，改變自己，就能找回自己的力量。

放下過去的最好方法，就是過好你的現在。經營好自己，去開拓視野，培養興趣愛好，學習新的技能，訂定健康計畫，來一趟勇敢的旅行，嘗試一些新鮮的事物，認識一些新朋友……。過去沒有好好的活，以後就要開心的過。當你活得越好、越精彩，過去的悲苦就會越模糊。

自己一個人也能過得很好、很幸福，你可以放下任何人。

真正的放下，不是遺忘，因為你不可能遺忘。也不是斷掉聯繫，拒絕往來，或從此不再提起。這麼做，表明你還是在意的。

真正的放下是，不在乎，不再留意，不放在心上。引用電影《曼哈頓練習曲》的名言：「放下就是，之前耿耿於懷的，現在無所謂了。」

是的，如果你放下一點點，就能得到一點點釋懷；如果你放下許多，就會得到更多釋懷。當某一天，你可以笑著說過往種種不幸，談起過去悲慘時，你彷彿在說別人的故事，就真正放下了。

走出悲傷的，不是遺忘而是記得

分手了、失戀了、愛人離去了，一直放不下怎麼辦？怎麼走出情傷？如何忘記那個曾經深愛的人？相信這是每個人生命當中的難題。

真正愛過，注定難忘；曾經美好，注定深刻。你越想忘記，越是清晰地記起在一起的點點滴滴。所以不必刻意忘記，也沒必要忘，畢竟是一同走過的回憶，也是你活過的生命。選擇仁慈面對，不留惡言惡語，是對彼此的尊重；不牽絆，不去糾纏，讓傷痛化為祝福，也算不負愛過一場。

席慕蓉的詩作〈無怨的青春〉這麼說：

在年輕的時候，如果你愛上了一個人，請你，請你一定要溫柔地對待他。

不管你們相愛的時間有多長或多短，若你們能始終溫柔地相待，那麼，所有的時刻都將是一種無瑕的美麗。

若不得不分離，也要好好地說聲再見，也要在心裡存著感謝，感謝他給了你一份記憶。

長大了以後，你才會知道，在驀然回首的剎那，沒有怨恨的青春才會了無遺憾，如山崗上那輪靜靜的滿月。

失去不可怕，可怕的是失去美好的自己

生命是不斷「失去」與「得到」的過程。經歷越多，越容易看開。是你的，不用爭，不是你的，留不住。感情只能順其自然，強求來的不長久，長久的不需強求。不在乎你的人，做什麼都是多餘的；不懂得珍惜你的人，勉強在一起，最終只會給自己帶來傷害。隨它去吧！

愛是在一起的幸福，愛也是在緣盡時能放手祝福。人們害怕放手，往往是害怕面對自己。當愛人離去，你感到難過，但你是否曾想過，自己是因對方離去難過，還是為自己難過？事實上，你可能是在為自己難過，因為當他離去，你就必須孤獨的面對自己。

我們感到憤恨，是憤恨與愛分離的感覺。難走出感情糾結，是內在情緒無法釋懷。放不下並不是因為多珍貴，是因為不甘心；忘不了並不是因為多念舊，是忘不了辛苦付出的一切；走不出傷痛，是將傷害怪罪於對方，苦苦地抓住對方的錯誤，總是在怨恨中打轉，又怎能走出傷痛？

失去之所以讓人痛苦、悲傷、失落，是因為失去了自己。也許當你所愛的人離開時，你的自信、價值、快樂也同時被帶走。你不是想念過去在一起的人，你想念的是和他在一起時的自己。感覺到自我不完整的人，就越難放下，對情感也越執著。

走出來，除了時間，更需要的是自愛

我們常以為，愛人離去，愛也跟著失去。那是不對的，其實愛還在，也正因為愛還在，才會體會到錐心之痛。我們要從中學習的是，自愛與愛人。

記得活出美好的自己。在遇上最合適的人之前，難免會歷經幾段挫敗的感情，別對自己太苛責。分手，並不是誰不好，只是彼此不適合。不要抱持負面的想法覺得「我不夠好、不值得被愛、我徹底失敗」，自暴自棄，會久久不能自拔。悲傷是正常的，但千萬不要越陷越深。請先從恢復正常生活做起，你的新生活才能展開。

記得要多愛自己。這一生能陪伴你走到最後的，只有自己。你不能選擇人生會遇到什麼人，但是可以選擇怎樣愛自己。單身代表你多出許多自由時間，去做一些你想做的事，去享受喜歡的事物。當一個人依舊可以活得很好，你的自信、自愛與自尊會大幅提升。如果你懂得享受獨處，找到一個人生活的樂趣，你的快樂就沒有人帶得走。

記得為愛再勇敢一次。失戀不可怕，可怕的是失去愛的能力。打開心房認識新對象，勇敢追求下一個幸福，也許愛情在轉角就會遇到。那些從感情裡再站起來的人，後來發現，傷心並不是真的結果，而是走向幸福的過程。所謂的失去，都讓我們更好的擁有。以為錯過的愛，其實讓我們遇見真正懂的人來愛。

「你若盛開，蝴蝶自來。」心懷陽光，就一定會春暖花開。

英國詩人丁尼生曾說：「寧願愛過而失去，也不要從未愛過。」

不要為完結而哭，要為曾擁有而笑。還給美好回憶一個公道，而不是整顆心懸在痛苦的回憶中。儘管失去感情，沒必要連這段關係所賜給你的禮物，也一併失去。

每一段感情，不是得到，就是學到。好的、壞的都是一種收穫，感受到自己在成長，就沒有虛度。因為有這些人，才讓我們變得成熟，成就了現在的自己。

能在一起便是有緣。相遇是緣、相知是緣、相聚是緣、相愛是緣。緣分來了，好好相待；緣分盡了，好好道別。好聚好散，感恩相遇，不負遇見。

生命的每一道難題，都包含一份禮物

生命中所有事件的發生，不論當時多麼痛苦、悲慘，都只有一個目的，就是賜予你智慧、力量與覺醒。

懂得將逆境視為生命的禮物，並不容易。一開始很多人都會抱怨，覺得老天無眼，忍不住吶喊：「為什麼世界這麼不公平？為什麼我會遭遇這些不幸？會碰上這種問題？」

然而，誰的人生不是坑坑窪窪，充滿挑戰？誰沒有幾道難過的坎？話又說回來，人生都一帆風順就好嗎？如果沒有挫敗與苦難，哪能磨鍊才幹與意志？若無酸甜苦辣，如何能體驗人生百態？若沒走過漫長黑夜，何曾理解看見光明的希望？

古今的大師都會讓學生去經歷苦痛，而不去阻止他們。如果學生受苦時間夠長，他們就會來見大師，說：「師父，我一直都在受苦，我如何才能不讓自己受苦？」大師很少會直接告知答案，而是重複一遍學生的問題：「這是一個好問題，」他會說：「你如何才能不讓自己受苦？」學生於是會找出自己的答案，同時走向開悟之路。

我們無法逃離痛苦，但可以找出其中的禮物

如何能經歷痛苦，卻不受苦？

當你感覺自己在經歷苦難時，將它視為一項禮物，你會發現看事情的角度，人生態度全然改觀。一位生產中的婦女可以完全體會這個道理，雖經歷生產過程的痛楚，但卻絲毫不會感到痛苦；反而喜極而泣。

想想你過去的受害經驗中，有多少次結果是讓你從中受益？可能並非每一個事件都是如此，但你是否會想起一個這樣的情況？有沒有任何時刻，你覺得不好的事變成你的一個機會？如果上述屬實，你是否會說自己是受害者？

如果你明白，發生在你身上的事件隱藏一份祝福，心情是否會好一些？如果你知道，很多人都在體驗著相同的經歷，是否就不會感到那樣孤獨？如果你意識到，痛苦煎熬表示你將重獲新生，是否會更加充滿自信面對未來？

這故事我曾一再提到：有一朵看似弱不禁風的小花，生長在一棵高聳的大松樹下。小花非常慶幸有大松樹成為她的保護，為她擋風擋雨，每天可以高枕無憂。

有一天，突然來了一群伐木工人，把大樹整個鋸了下來。小花非常傷心，痛哭道：「天啊！我所有的保護都失去了；從此狂風會把我吹倒，滂沱的大雨會把我打倒！」

遠處的另一棵樹安慰她說：「不要這麼想，剛好相反，少了大樹的阻擋，陽光會照耀妳、甘霖會滋潤妳；妳弱小的身軀將長得更茁壯，妳盛開的花辦將一一呈現在燦爛的日光下。」

人生的轉折，往往都在經歷痛苦之後。你碰到的每個問題，都是為了讓你體會自己擁有的能力，發現自己能從生命中活出更多可能。

過去每一段經歷，形塑了你如今的樣貌

尼采說過：「參透為何，便能迎接任何。」人活在痛苦中，不是因為命不好注定要受苦，而是還沒領悟到痛苦的價值與意義。

年過半百，回望人生深有所感。生命中的每一段路都不會白走，我知道，若非當年求學、出社會不順遂，我會不可一世，必然努力少了，成就也少了。若非曾歷經投資失利、感情失敗，我會不懂得珍惜感恩，那麼現在的婚姻、工作和人生，都會完全不一樣。

要感謝給我們逆境的人，因為是他們成就了我們。感謝過去的批評責難，才有後來的努力發奮；感謝挫折打擊，正是這樣，讓我們越來越強韌；感謝狠心殘酷，正是這樣，才有機會徹底醒悟。感謝最煎熬的日子，讓我們成長最多，也最值得回味。

把生命當作一份偉大的禮物，苦樂都照單全收，以開放的心面對一切問題。或許有一天，你已不知不覺活進答案之中。

你怎麼看自己的生命？是一個禮物，還是一個災難？

視為災難，你會抗拒、抱怨、謾罵、悲憤、逃避，如此不但弱化面對問題的力量，還讓自己受到更大的苦。

視為禮物，你會接受並從中學習。當面對挫折越多，得到的成長越多；感謝的貴人越多，得到的幫助就越多。

若把生活看成一種禮物，你終會得到祝福；若把生活看作一種災難，你總是困難重重，災禍不斷。

「你的人生」這個故事，是自己寫的

曾讀過一則報導，內容是敘述生長在貧窮家裡的兩兄弟，由於長期受到酗酒父親的虐待，最後他們選擇了離開家裡，各自出外奮鬥。

多年之後，他們受邀參與一項針對酗酒家庭的研究，這時的哥哥早已成了一位滴酒不沾的成功商人，而弟弟卻成了一個和父親沒有兩樣的酒鬼，生活窮困潦倒。

主持這項研究的心理學家對他們的際遇相當好奇，忍不住問他們：「為什麼你最後會變成這樣呢？」出乎眾人意料之外的是，兩人的答案竟然一樣：「有這樣的父親，我還能有什麼辦法？」

想像一下如果同樣狀況發生在你身上，你會如何看待呢？

「你的人生」這個故事，是自己寫的——一個在生命的早期階段就為自己寫好的劇本。你可能沒有意識到，就照著自己寫的腳本演出。

你如何看待和形容自己，就有怎樣的人生

認為自己「幸運」的人，是因為寫下了幸運的劇本。習慣看人生的光明面，相信自己的努力會有所成效，所以面對問題會馬上行動解決。萬一失敗受挫，因為總能找出事情好的一面，也很容易就能如願發現好結果。

相反，覺得自己「不幸」的人，是寫下了不幸的劇本。習慣以逃避及防衛心態面對人生處境，所以問題只會更加惡化。而當事情有壞的結局時，就更確信自己悲觀預期，也更難逃悲慘的人生命運。

為什麼好事總發生在自認好運的人身上？為什麼人生的贏家會贏，輸家會

輸？這並不是「命運」或「注定」，而是自己的決定。當你認為「不可能」、「沒辦法」、「沒機會」，其實就在斷絕自己的可能性。就算本來有能力和潛能，也被抹殺掉了。

換句話說，你並不是注定只能失敗，而是自己選擇失敗。當你以一個受害者的心態面對生活，心中充斥著種種被逼迫的無奈，就成了名符其實的受害者。

很贊同一位戲劇老師說的話：「悲劇有兩種，一種是命運的悲劇，一種是性格的悲劇，然而生命中的悲劇大多屬於後者。」

我們每個人都擁有「自由意志」，可以自主選擇。不論是當個贏家或輸家、強者或弱者、要過快樂或悲苦人生，扮演命運的掌舵者或受害者。都是自己過去的「選擇」造就的。但過去不等於未來，只有現在能夠決定未來。

有位學生車禍腦傷，昏迷一個多月、歷經三次腦部手術，救回一命。隨後漫長的復健，他時而悲傷，時而憤怒，時而自憐，百感交集，當時陪在一旁的父親對他說：「這是不幸的，還是幸運的遭遇？全都由你決定。」我始終忘不了這句話。

如果現況的人生不是你想要的，你能改寫

曾跟許多傷痛的人對談，發現多數人對悲劇都非常投入。有些完全沉迷其中，故事成了身分和標籤；有些緊緊抓住悲慘情節，好像那是最珍貴的生命傳奇，深怕被遺忘。

你或許認為這說法欠缺同情心。但是一直「困在裡面」是不必要的。就好像很久以前，有人把我們關進籠子，後來籠子不存在了，我們仍在痛苦掙扎。人生最悲慘的不是不堪的經歷，而是一直無法逃脫它的束縛。

如果現在的人生不是你想要的，你能改寫。審視一下：你的故事是什麼？這是你接下來想繼續的劇本嗎？你想把這故事傳送給周遭的人，傳給下一代

嗎？你期待怎樣的故事？

一位認識多年的老同事，先生拋下家人一走了之後，她一肩扛起承擔家計和照顧子女的責任。當我知道那些她遭受的不平待遇後，我問她是如何走出來的，又是如何能擁有健康的親子關係？她說，當走到生命的某一個轉捩點，每個人都有機會決定人生。「我可以選擇受盡委屈，悲情無奈；或者也可以選擇堅強樂觀，受人尊敬。我選了堅強樂觀。」

是啊！你是自己人生的作者，何苦把劇本寫得可憐無助。

你看過馬戲團將大象拴在地面嗎？事實上，大象輕易即可將木栓拔出，逃離現狀。但大象為何不走？因為剛出生不久，牠就被固定住。起初小象會試著掙扎逃脫，但發現徒勞無功之後，便只能接受現狀。即使牠的力氣足以逃脫，也不再嘗試，因為大象已認定自己無法脫身。

想像一下，如果某天大象再次嘗試掙脫會發生什麼事？大象就會發現原本認定的束縛是假的，牠便能擺脫，奔向自由。

「束縛著自己的，就是自己。」光是了解這點就大有幫助；當你明白自己是被「心靈的牢籠」困住，誰也阻擋不了你展翅高飛。

未來的事／

人生唯一確定不變的就是變。
既然一直在變，便曉得目前的處境只是暫時的。
許多成功都是無數次失敗後造就，
多數困境都是在跳脫後出現轉機。
往後的日子，或許依然前景未明，還會面對不少艱難時刻。
當徬徨失意時，別忘了給「意外的驚喜」留一些想像力。

人生，不會照著我們的計畫走

很多人對未來都有一個藍圖構想，期待生命接下來照著自己計畫的展開。做事習慣事先規劃，早作準備，並照著行程走。

可惜人生並不是這樣「按部就班」，生活充斥著各種不確定性。我們都有這樣的經驗吧！最周詳的計畫還是狀況百出，費盡心力卻得不到預期結果，有時候可能因為一通電話、一些小插曲、一件突發事件，讓原本計畫好的事全部泡湯，甚至常常會出乎意料之外。

蘇格蘭詩人，羅伯特．伯恩斯（Robert Burns）曾把人生處境比作小田鼠的遭遇。一天，他用犁頭犁地，無意中毀壞了小田鼠的家園。小田鼠看到家園被弄得翻天覆地，只好慌忙逃命。羅伯特想：「是啊，面對一些完全無法控制的事情，我們不是常常感到無能為力嗎?再好的計畫也是竹籃打水一場空啊。」

計畫趕不上變化，隨著變化計畫

很多人都會有這樣的問題：「計畫趕不上變化，每次做出的計畫常常無法照做，總是有很多意外，覺得很挫折。」

因為我們在安排計畫時，容易預設都不會有意外，所有的流程都會按照自己安排的計畫進行。所謂的「計畫」，說穿了都是自己「一廂情願」。結果總是跟自己原本預期、期盼的有落差，也不讓人意外。

就像在大海中會遇到風浪，並不因為擁有最精確的海圖，就代表航行在大海中會一帆風順；也不因為最優秀的船長，船開出去就不會遇上暴風雨。我們要學習當遇到風雨波折時，如何掌舵、如何穩住船身。

面對未來的不確定。首先，調整好心態，試著對無法控制的事物放手，將心力放在自己能夠掌控的事情上。

想起有次我和同事一起討論事情時，他臨時接到電話，通知他論文沒過，申請研究補助被退回的消息。令人驚訝的是，他似乎完全不受影響，掛掉電話後，接著就繼續討論。

在我確定他了解問題的嚴重性之後，我問他怎麼能保持如此淡定？

「事情沒照著計畫走本就是正常的事，」他說，「唯一的差別，是在什麼時候。」

以他的情況來說，就是現在。允許自己失敗、重來，保持變動的彈性，這是面對變局最好的策略。

別忘了給「意外的驚喜」，留一些想像力

想想看哥倫布，他定了計畫——從歐洲西航到達東方的印度。他找了投資者投資了三艘船，招募了九十名船員，還有一名翻譯，備足食物和水。整個計畫完備，然後選了一個「吉日」啟航。

但是，他在海上經過七十天的航行，最後登陸的地方不是印度，而是美洲的部落⋯⋯。

他失敗了嗎？如果沒有按原先計畫，就是失敗了。是這樣的嗎？並不是！他意外發現了新大陸。

有個人遺失了一枚金幣，正當他在草叢找尋那枚金幣時，卻發現一個巨大寶藏，他原本找尋並不是寶藏，而只是他遺失的那枚金幣。同樣的，當你遺失某物，在你找尋的過程，可能找到另外一樣東西。

聽成功創業者演講或接受採訪時，常聽到類似的話：「要是知道創業那

麼辛苦，我也許就不敢創業了。」或是說：「我很慶幸自己當初不知道這些事，否則就沒有今天的成就。」

接納一切的不確定性，既然未來是不可預期，不也同樣意謂著未來會出現許多有新奇的事物，充滿各種可能。不少秘境都是走錯路後才發現的，許多成功都是無數次失敗後造就的，多數困境都是在跳脫後才出現轉機。

往後的日子，或許依然前景未明，還會面對不少艱難的時刻。當徬徨失意時，別忘了給「意外的驚喜」留一些想像力。

太陽不會因為你的失意，明天不再升起。夜再長也會有盡頭，雨再大總會有停止的時候。

人生唯一可以確定不變的就是變。既然一直在變，便曉得目前的處境都只是暫時的。沒有一件事是永遠不變的。每當低潮，遭逢壓力、失望和失意時，提醒自己，目前局勢只是暫時的，現在的心情很快就會過去。

你可以回想過去曾遭遇過的艱難時刻，最後不也順利度過。邁向前行，迎來又是光明的一天。

每個人都有自己的煩惱

在生活中，每個人都會產生煩惱。小有小的煩惱，大有大的煩惱，老有老的煩惱，只是各階段的煩惱不同而已。小時煩惱外表長相、同儕相處、課業壓力；長大時煩惱更多，為家庭，為兒女，為父母；老時怕失能、失智，怕老了不中用、沒人理。人生不就是這樣嗎？

你有你的苦，他有他的煩，我有我的累，各有各的難。有人才貌雙全，卻在情路坎坷；有人事業順利，卻病痛纏身；有人家大業大，卻子孫不孝；有人看似幸福圓滿，卻有著不為人知的不幸。

生活中永遠充斥著接踵而來的問題，連續不斷的挫折，肩上有很多擔子要扛。工作有工作上的不順心，感情有感情上的不如意，生活有生活上的煩心事。也許孩子不學好、也許身體出毛病、也許對老闆不滿、也許被客戶罵了一頓……。沒有半點居心，莫名被誤解；該做都做了，但事情還是發生。你的煩惱其實別人也有，即使是樂觀睿智的人也一樣，這就是人生。

不想要有煩惱，就是煩惱的根源

有個男子覺得自己的人生不順遂，生活很不快樂。於是他來到山中一間禪寺，要求暫住，希望禪師能予以開釋，拔除他的煩惱。

禪師答應了，只有一個要求：「環繞禪寺的樹籬笆已經很久沒修剪，你住在這裡的期間，可以將樹籬笆修剪平整嗎？」

男子一口答應了。每天清晨，他就拿著樹剪開始工作，直到午餐時間才稍微休息，用過一點簡單的素齋後，又埋首剪樹。

這間禪寺佔地非常廣大，樹籬笆的長度也很驚人。大約過了一個星期，男子終於剪完一圈，但他赫然發現，一週前才修剪過的位置，竟然又已經枝繁葉茂了！

男子覺得很傷腦筋，於是前去詢問禪師：「大師，現在正值夏日，草木的生長速度之快，遠超過我修剪的速度。我現在該怎麼辦？」

禪師只說了一句話：「繼續剪！」

男子只好摸摸鼻子，從頭開始修剪樹籬笆。剪過一圈之後，男子再度詢問禪師，還是得到相同的答案：「繼續剪！」

男子剪了一圈又一圈，皮膚被曬得黝黑，手掌也生出厚厚的繭。

當禪師又叫他「繼續剪」的時候，男子忍不住惱怒起來：「自從我來到禪寺，您從未替我開釋，只是叫我剪樹，我受不了了！」

禪師反問：「你為什麼不繼續剪樹？」

「因為永遠都剪不完啊！」男子說。

「你的煩惱也是如此。」禪師微笑地說：「煩惱永遠會不斷增生，我們只能盡力修剪。」

男子聽了恍然大悟。

許多「問題」其實是我們自己「想」出來的

人最大的問題，不是煩惱，而是看不清，是「誰」在煩惱？

你因某事苦惱。想想看，是那件事，還是你的想法在給自己苦惱？

你覺得某人很煩。想想看，是那人在煩你，還是你拿他的言行煩擾自己？

你總是說，想起到那件事就煩。換言之，只要你不想，也就不煩，對嗎？

古希臘哲學家愛比克泰德（Epictetus）早說過：「人不是被事情本身所困擾，而是被對該事情的看法困擾著。」事情的本質是中性的，很多時候是因為個人思考的慣性模式，將事情導向狹隘而黑暗，使得自己陷入煩惱、困頓的情緒裡。

智慧開啟在於明瞭煩惱是無盡的——你不想有煩惱，其實是「自尋煩惱」，因為那是不可能的。要「解除煩惱」，並非使煩惱不會再出現，而是放下想擺脫煩惱的念頭，接納它的出現，但不被它干擾，心便平靜下來。

哲人說，一個聰明的人懂得如何擺脫問題，而一個有智慧的人懂得不去捲入問題，你要做一個有智慧的人。何不從根本的地方下手？

解除煩惱的第一步，把心靜下來。很多事想太多，簡單的也變得複雜；心思過重，單純的也變得煩亂，諸種煩惱也於焉而生。

第二步，有什麼樣的境遇，就活在那樣的境遇。不要覺得「少了這個煩惱自己的人生就會很美好」，而是去想，「該如何在目前的狀態下感受到美好」，停止判斷好壞喜惡，如實接受，你和煩惱都會蛻變。

月有陰晴圓缺，月依然是美的，接受人生的不美好，你將變得越來越好。

這一刻的陰霾，或許下一刻柳暗花明

暑假到杉林溪，入住後，趁著天色還早，決定到青龍瀑布走走，過了八八吊橋，天色漸漸昏暗，還下起雨，在小涼亭休息半小時繼續出發，沿路一片霧茫茫，能見度只剩眼前的步道，只好返回。

翌日天氣晴朗，走完越嶺古道，孩子提議再去青龍瀑布，所以我們又再走了一小段昨日重複的路徑。沿路木棧道綠意圍繞，陽光灑進樹林，更能望見遠方山巒，到達飛瀑台，一邊聽著鳥叫，一邊欣賞氣勢壯觀瀑布，感受截然不同。但改變的部分其實很少；景物還是一樣，只是雨過天晴，雲霧散去，僅此而已。

當太陽被濃密的烏雲遮住時，烏雲下面是狂風暴雨，但如果我們繼續攀升，穿過雲層之後，就會發現上面萬里晴空。在那裡，陽光依然燦爛。當我們只看到烏雲密布，狂風暴雨，會有一種錯覺，認為整個世界都陷入一片黑暗之中。我們的心也是如此，當深陷低潮困頓，看到的人事物都是灰暗，未來無望。其實，人生的困境只是一時，有時看似愁雲慘霧，轉眼即海闊天空；這一刻陰霾，或許下一刻就柳暗花明。

人生如四季變遷，此刻不過是人生的冬季

有個人，他有四個兒子。他希望兒子能夠學會對事情不要太快下結論，所以，他依次給四個孩子一個問題，要他們分別去遠方看一顆桃子樹。

大兒子在冬天前往，二兒子在春天，三兒子在夏天，小兒子則是在秋天前往。當他們都前去也都返家之後，他把他們一起叫到跟前，讓他們形容所看到的情景。

大兒子說那棵樹看起來很快就會枯掉，看不出任何希望；二兒子則說，不是這樣子，這棵樹已冒出青綠的嫩芽。三兒子則說，樹上花朵綻放、充滿香氣，看起來十分美麗；小兒子不同意他們三人的說法。他說樹上結滿了果子、累累下垂。充滿了豐收與希望。

這個人就對他四個兒子說：你們都是正確的，因為你們四個人是在這棵樹的四個不同季節前往，並且只看到其中一個季節的風景。他告訴兒子們不可用一個季節的風景來評斷人事物，不能只看眼前，要拉長時間看。

你可能會對進展緩慢感到不耐，對自己停滯不前覺得慌張，或者對未來迷茫，對深陷低谷感到絕望。生命在你還看不出變化的時候，其實已緩緩地改變，悄悄地成長。提醒自己：「人生有如四季的變遷，此刻只不過是人生的冬季而已。」

當人生陷入谷底，或許正是要翻身的時候

在成長的路上挫折和困難一定會來，但不會一直停留，請不要放棄，因為放棄了，可能就沒有了。

蘋果執行長賈伯斯總能敗部復活東山再起，他曾有感而發地說，如果沒有休學的波折，他不可能創立蘋果電腦；如果沒有被趕出公司的打擊，不會有之後的皮克斯動畫公司……他形容，在遭遇不順遂的當下，他曾覺得那是人生「嚴厲的苦難」，但事過境遷之後，他回想過去，才赫然發現這些不順利，竟然是他「人生中遇過最棒的事」。

禍兮福之所倚，福兮禍之所伏。此時，某事你覺得很幸運，但幾年之後，或許你會希望它從未發生。此刻，某事你認為是個災難，或許未來成就了你。

宋朝詩人陸游的〈遊山西村〉：「山重水複疑無路，柳暗花明又一村。」山巒重疊，水流曲折，看似前面無路可走，轉一個彎，意外忽然柳綠花艷間又

出現一個山村。

是的，黎明前的黑暗，捱過去，天也就亮了。在接近黎明的時候，那個黑夜會變得更暗。當你覺得最壞的時候，可能美好已悄然而至。最難熬的日子，或許是開始逆轉的時刻。

時間拉長會證明很多事情。早晚，我們會看清楚，好的、壞的都會過去，但蛻變後的自己會留下來。所以，無論再怎麼困難，都請你勇敢堅強，若能耐得住時間，物換星移，如同見到花開花落，離果子成熟就不遠了。

詩人艾略特說：「開始就是結束，結束也就是開始，正是從結束之處讓我們重新開始。」面對未來的變化，未知的考驗，我們應該歡迎改變，就像歡迎一個春天冒出的嫩芽——一個新的生命。

擔心沒用，那爲什麼要擔心？

「初次見面對方會不會不喜歡我？」「準備了這麼久，還是沒考好怎麼辦？」「沒把握的事，會不會我一做就失敗？」「年紀大還沒找到另一半，怎麼辦？」「萬一父母生病怎麼辦？小孩上學遇到危險怎麼辦？」你常受焦慮困擾嗎？還是總是擔心很多沒發生的事？

擔心是人之常情，但過度就不好了。每當你開始擔心某件事時，應該先問一句：「我這麼擔心有必要嗎？對結果有幫助嗎？」

回想一下你曾擔心過的事，比方擔心考試、身材、升遷、失業，擔心事情做不好，擔心錢不夠用，擔心父母身體，擔心小孩變壞，擔心疫情暴增，擔心睡不著……結果呢？

擔憂無濟於事，只是讓自己心神不寧罷了。因為當我們浪費大量時間陷入思慮的煩擾，徒增心理負擔，不再享受任何當前時刻。此外，那些我們擔憂的事情，大都是自己無法控制，或者無能為力，那為什麼要擔心？

把時間花在解決問題上，而不要浪費在擔心上

記得有一回，我和朋友一起開車前往紐約。不巧的是風雪即將來臨，而我們距離目的地還有一大段路。

這種天氣令我憂心不已——擔心天氣是否會變暴風雪？我們會不會趕不上約定的時間？如果趕不上的話怎麼辦？諸如此類的問題一直困擾著我。

此時，朋友看出我的心事。「把心放下吧！」他說：「就讓老天控制祂的天氣，我們控制自己的方向盤吧！何必杞人憂天？」

對我個人來說，這麼多年來我學會最重要的教訓之一，就是改變不了的事，就不要耿耿於懷。這不是說我什麼都不掛懷。例如，最近老友的孩子罹癌手術，我很擔心，也知道自己改變不了什麼。我決定前去探望，協助住院期間膳食，不安的心也釋懷許多。

瞎操心和分憂解勞是不同的。如果希望人生中少點懊悔，就把時間花在解決問題上，而不要浪費在擔心上。比方考試時，不是去擔心成績，而是認真唸書；比賽時，不是去想對手多強，而是多練習讓自己變強；面試前，擔心緊張面試官會問什麼，不如準備好面試官會問的。

有位學弟籌備婚禮，因為是戶外婚禮，時間又在七月的颱風季，前半年就開始擔心會不會遇上風雨來襲，到時候會不會出狀況，擔心到睡不著。這樣有任何幫助嗎？我建議他，與其窮擔心，不如去洽談雨天的備案場地，或者挑選遮雨棚、帳篷等作臨時應變，若是真的碰上才有備無患。

你可以未雨綢繆，但不需要沒下雨就打起傘

不要誤解「人無遠慮，必有近憂」的意思，人的近憂，大多由自己過度遠慮造成的。擔憂不會讓明天的麻煩消失，卻會先帶走今天的平靜，耗掉今天的精力。

我聽說，某次記者問到麥可．喬丹如何在關鍵時刻投進致勝球？會不會怕失誤？

喬丹反問：你的意思是說，我會不會擔心投不進球？為什麼我會擔心投不進一個我還沒有投的球？

你可以未雨綢繆，但不需要還沒下雨就打起傘。回想一下你擔心過的事，後來有發生嗎？它們是如何解決的？你難道不是耗費心神卻一無所獲？

大部分擔心的事都不會發生，就算發生了，大部分也沒有預期中嚴重。就算真的很嚴重，大都可以解決。如果解決不了，也不需要擔憂，因為擔心也沒

有用。

親戚的女兒三十多歲還沒結婚，問我該怎麼辦？

我說：「隨緣吧！」她說：「怎麼行？如果再不結婚，以後生養孩子會很辛苦。」我說：「那就繼續擔心！」她說：「可是擔心沒有用啊！」

就像煮水在一旁急催促，無益於開水滾沸；擔心問題，也無助解決問題，那為什麼要擔心？

當你因擔心而困擾時，寫在小筆記本上。這麼做，可以讓這些困擾卸下心頭，讓它們不能繼續干擾消耗你。

每天撥出半小時作為「憂慮時間」，等時間到了，再去煩惱這些問題。如果忘了呢，就表示這些問題不值得擔心。

每週末檢視所擔憂的事是否真的發生，如果沒有，就在上面畫一個大紅叉叉。經過一陣子，當看到筆記事項大部分都被畫上了紅叉叉，會讓你輕鬆正面看待未來。

未來的事，交給未來就好

常有學生問我有關生涯規劃的問題，諸如：要選哪個科系？哪個工作有更好的前途？我應該改變方向和抉擇嗎？

我的回答多以鼓勵替代建議。一方面是離現實還太遠，不切實際，另一方面是世界變動太快了，將來想從事的工作，未來可能不同，或許現在還不存在。而且就算同樣的決定，也不代表會有一樣的結局。

無獨有偶，也經常收到類似的煩惱，例如「對於自己的未來充滿著迷惘？不知道自己要什麼？」有些則抱怨「每天早上起來，就有好多思緒湧進心頭：做不完的事情、煩惱不完的擔憂，覺得壓力好大，身心好累」……等。

「那麼，究竟該怎麼做，才能讓身心安頓？該如何走出迷茫？」

我們活在今天，就只要做好今天的事就好了。所謂的「未來」，永遠不會來，因為不論何時，當它來的時候已成了現在。換句話說，在未來抵達之前，我們是無法活在其中的，如果我們一直在擔憂，身體雖然活在現在，心思卻都跑到未來，當然會迷茫不安。

今日事今日畢，明日愁來明日憂

許多人都聽過這故事：有個小和尚負責清掃寺院落葉，每天要花很長時間才能掃完。

一天，有人對他說：「你用力搖樹，把落葉統統搖下來，明天就不用打掃了。」

他覺得這是一個好辦法，就高興地照辦了。第二天，院子還是一樣滿地落葉。

小和尚終於明白了，把明天的煩惱交給明天，因為明天自有明天的煩惱。

臨床醫學之父威廉・奧斯勒（William Osler）曾開了個簡單有效的處方：「一次只過一天。」

他在當實習醫生時，為了畢業而面臨的問題感受到強烈的不安，腦中盤旋著該選擇何種診療項目、畢業後到何處去較好、要如何開業、生活怎麼安排……等等煩惱。偶然看到這段話：「最重要的，就是不要去看遠方的模糊，而要做手邊具體的事情。」

他恍然大悟：是啊，不論多麼遠大的理想，都需要一步步實現；不論多麼浩大的工程，都是一磚一瓦疊起來。

深有同感。未來並不是想像或計畫出來的，而是一步一步走出來的。從最簡單的開始，先走一步，才有下一步。即使下一步路還不清楚，不用怕，走下去就會變得明朗。就像一個人提著燈籠走在幽暗的山徑裡，在黑暗中看不見山徑的盡頭，可是燈光卻足以照亮下一步。

不要讓明天的包袱壓垮美好的今天

有個年輕人初次到工廠做車工，師父要求他每天車完三萬個鉚釘。一個星期後，他疲憊不堪地找到師傅，說想辭職。

師傅問他：「一秒鐘車完一個可以嗎？」年輕人點點頭，這應該不難。師傅給他一隻錶，說：「那好，從現在開始。你就一秒鐘車一個，別的都不用管，看看你能車多少吧。」

年輕人照師傅說慢慢地做。一天下來，他不僅完成了任務，而且竟然沒感到勞累。

師傅笑著對他說：「知道為什麼嗎？那是你一開始就給自己沉重壓力，覺得『三萬』是個多麼大的數字。如果這樣分開去做，不就一天就能達成？」

試想，時鐘的秒針，一年要擺三千二百萬下，是怎麼辦到？只是每一秒就擺一下，不知不覺就擺了三千二百萬次。

對未來憂心迷茫的時候，把眼前的事做好就好。明天的包袱明天再揹，不要讓明天的包袱壓垮美好的今天。一天的衣服當天洗完很容易，如果你想洗一個月，光是想就讓人疲憊心累。

生命是由每一個今天組成，當明天到來的時候，它又成了今天，一千個、一萬個明天也是今天，它們都會以今天的形式到來。你怎麼過今天，就等於怎麼過你的未來。若你沒有能力把握現在，遑論有能力掌握未來。

我們能為未來所做的最好準備，就是把現在的事做好。今天完成今天的事，就是為明天鋪路。只要用心過好每一天，美好的未來便自動浮現。

爲了未來而活，我們眞的活過嗎？

你是否意識到你生活的一切，都為了未來而活？上高中時，期待上大學；上了大學，期待戀愛；大學畢業後，希望找一份好工作；擁有穩定工作，又迫不及待能升遷，結婚、生子；然後又盼望孩子快點長大，趕快退休……。你覺得熟悉嗎？那個未來的「紅蘿蔔」不斷地懸在眼前，你越是靠近，它就越是後退。

有一對年輕夫妻，日子過得很不快樂。他們總是在想：只要再過幾年，孩子出生了，家裡熱鬧起來，我們就會快樂。

他們生了孩子，照顧小嬰兒讓他們又忙又累。他們又想：只要再過幾年，孩子長大了，我們就會快樂。

孩子進入青春期，兒子的叛逆，讓他們心力交瘁。他們又想：只要再過幾年，孩子成年了，我們就會快樂。

孩子從學校畢業，找工作卻處處碰壁。他們又想：只要再過幾年，孩子事業穩定了，我們就會快樂。

孩子的工作逐漸有了成就，卻遲遲不肯結婚。他們又想：只要再過幾年，孩子成家了，我們就會快樂。

孩子結婚了，媳婦的肚子卻始終沒有消息。他們又想：只要再過幾年，有了孫子，我們就會快樂……。

等到方便時候才享受，不知錯失了多少幸福

德國大哲叔本華曾感慨的說，有一種人一心只為未來奮鬥，一切只寄望未來，總是焦躁等待所有事物快點到來。他們以為，一旦得到這些事物，就能快樂，卻不知道自己這副蠢模樣，簡直和我們在義大利看到的笨驢沒兩樣。

義大利人把棍子放在驢子面前，棍子尾端懸著一束乾草，驢子就使勁加快步伐；殊不知乾草永遠只是懸在面前，看得見，卻吃不到。

想像未來會比現在快樂滿足是很瘋狂的事，因為你就是你，如果你不懂得在當下感到快樂，真的完成計畫，或達到目標後，也不見得會多快樂，因為每一個實現的願望都會衍生出一個新的渴望。你的追求換來的結果只是無窮盡的期待與挫折。

人生是無法掌控的未知數，未來未必如同想像。例如，我們可能無法加薪升職，或許因公司併購而失去工作；辛苦存錢，高興可以買房子時，房價卻漲了好幾倍；等有錢有時間帶爸媽去旅行，父母已經走不動了；規劃美好的退休生活，卻沒活到退休的那一天。

等著要去生活的時候，生命已經過去了

一行禪師曾說：「我們總是不能活在當下，我們習慣於將『好好地活』推向遙遠的，不可知的未來。如果現在這一刻不能好好地活，那麼我們可能終其一生都不曾好好地活過。」

在課堂上，我常提醒學生：做為一個醫學生，不用等到成為醫生之後才快樂；如果你是單身，不用等戀愛結婚後才幸福；做為一個上班族，不用等到退休才享受人生。不用等到心情開朗，才開始體驗歡樂時光，應該直接去做開心的事。

當你總是為下一刻作準備，其實正在失去現在這一刻。我並不是說為未來做準備不重要，我們當然可以逐夢，或是期待未來。但請記住，追求美好未來的同時，也要享受邁向未來的每一天。若你可以活在現在，有能力去享受今天的一切美好。久而久之，未來才會快樂且充滿樂趣。

未來是無法掌握的，今日看似理所當然之事，明日未必繼續存在。誰都無法保證，人生將發生什麼變化。等著要去生活的時候，也許生命已經過去了。

試著回顧一下自己生活的軌跡，想想五年、十年前，你想要什麼？畢業？找到工作？結婚生子？買房子？你得到了嗎？然後你有更快樂嗎？

你是否又有新的計畫、目標，又想得到別的東西？

你是否一直在預約幸福、想像幸福、追求幸福，卻忘了享受幸福？

問自己：幸福，為什麼非得等到未來？

現在的事／

我們全部的生命永遠都只在現在。

我們無法呼吸到昨天的空氣，也無法體驗到明天的晚餐，

每一個當下，我們就只有一個機會，

要不然就去經驗它，要不然就錯過它，我們無法再回到那個當下。

即使回到一樣的地方，也回不到一樣的時光；

每個時刻流失過後，就再也無法回頭重新來過。

一定要享受過程

我們常聽到有人瀟灑地說：「重要的是享受過程。」但也有很多人斬釘截鐵地說：「結果才能代表一切。」到底過程重要，還是結果重要？

我認為兩者同樣重要。例如，你想贏得鋼琴比賽，首先必須讓自己進入決賽（結果），否則連機會都沒有。但是你必須喜歡彈鋼琴，因為彈鋼琴是你每天要做的事（過程），否則必定苦多於樂、負擔多於享受。

再如打籃球，球沒投進籃框（結果），姿勢再漂亮也是白搭。但要提升命中率，投籃姿勢，手腕發力的感覺，需要不斷訓練、調整（過程），球感才會越來越好。

當然，努力並不等於成果。積極投入，並不等於滿意或成效；掏心掏肺，未必能換來真心相待；辛勤耕耘，可能收成前遇到暴風雨，努力化成泡影，這類白費苦心的案例俯拾即是。如果我們把結果看成一切，便會患得患失；或是於付出與收穫不成正比時，怨天怨地。

不管做任何事情，一定要享受過程。道理很簡單：任何事都有過程，而未必所有事都有結果。如果連過程也無法樂在其中，豈非虧得更多？

不是成功帶來快樂，而是快樂本身就是成功

有一個少年，從小就希望自己有一天，可以拉出一首無人可及的小提琴。為了這個夢想，他一有空閒就練琴，然而，幾年過去了，卻進步甚微。

有一天，少年的母親帶她去見一位小提琴家，小提琴家對他說：「孩子，你先拉一首曲子給我聽聽吧！」

少年點點頭，便開始拉了起來。儘管少年拉得不好，破綻百出，但是，小提琴家還是耐心的聽完，隨後他問：「孩子，你這麼熱愛小提琴，能告訴我是為什麼嗎？」

少年回答說：「我想成功，我想成為帕格尼尼那樣偉大的小提琴演奏家。」

小提琴家想了想，又問：「那麼孩子，你現在快樂嗎？」

少年脫口而出：「快樂呀，我很快樂！」

隨後，小提琴家帶著少年來到自家的花園裡，對他說：「孩子，你非常快樂，這就對了，又何必非要成為帕格尼尼那樣的小提琴演奏家不可？在我看來，快樂本身就是成功。」

少年聽了小提琴家的話，深受觸動，他終於明白過來，快樂是世間成本最低、風險也最低的成功。倘若捨此而別求，就很可能會陷入失望、悵惘和鬱悶的泥沼。少年從此冷靜下來，他仍常拉小提琴自得其樂，但不再受困於成為帕格尼尼的夢想。

我們無法把握結果，但我們可以享受過程

一個學生，把考試成績視為唯一的目標，會變成痛苦壓力的來源；一個作家，若把完成書本視為唯一的快樂，那整個寫作過程將是艱苦無趣；一個業務，只有成交才開心，將很難與人真誠交心；一個農夫，只在乎產量與收成，就失去了享受田園之樂；一段感情，若沒結果就認為一場空，那麼連這段關係帶來的禮物也一併失去。

看過尋寶和探險的電影，應該會發現，精彩的尋寶電影都有共通結局，一群人歷經千辛萬苦找到了寶藏，卻總是在千鈞一髮之際，又失去了寶藏，一切成空。但空卻不是無，而是通過了追尋與失落之後的啟發。

人生的風景遍布於奮鬥的過程中，而不只是在最後的結果，就算事情發展不盡人意，但如果能享受過程中的樂趣，為自己創下更多的美好，也會得到莫大的滿足。當我們回想這段奮鬥的過程時，同樣會覺得值回票價。

贏得勝利，最後的頒獎，也只是短短幾分鐘，快樂必須在過程裡發覺。人生的百分之九十八都是過程，如果你只是為目標而活，為那最後的百分之二而活，你的人生十之八九是不快樂的。

假設你要去阿里山看日出，除了神木、小火車之外，還有茶園風光及原鄉部落等你體驗，就算運氣很差沒看到日出，回家後會跟別人講你沒有旅遊嗎？你的阿里山之行就白來了嗎？

快樂並不是在目的地，是旅程中的每一步造就快樂——欣賞沿途層巒疊翠的山林綠意，變幻莫測的流雲、飛瀑；歇一歇，感受輕風拂面，聆聽溪水潺潺，呼吸高海拔好空氣，還有滿滿的芬多精，沐浴在一場森林療癒……享受過程比結果更重要。

一心一意，專注一事

相信許多人都有一心多用的經驗：邊吃飯邊看電視，邊讀書邊聽音樂，邊開車邊講電話，邊寫作業邊玩遊戲，邊工作邊傳簡訊，還可以與朋友閒扯個幾句……，我們的大腦真的能夠「多工處理」？

這其實是一種錯覺，當我們一心多用，通常並不是真的同時在做好幾件事，而是思緒飛快地從一件事轉移到另一件事上，每次轉移都需要重新聚焦。若是其中一件事情愈複雜，需要的注意力愈多，轉換到另一件事所需要的時間也愈長，反而讓整體的效率大打折扣。

以開車為例，當你把注意力放在手機上，就無法專心開車；當然，你可以很快瞄一眼手機再回到方向盤上，但你無法在同時專注駕駛。據研究，邊開車邊講電話，即使不需要手持電話，注意力的分散程度和酒駕差不多。

你一邊跟朋友聊天，一邊回覆信息；你太太跟你討論事情，你卻在看籃球轉播賽。結果是，朋友的話沒聽清楚，發出去的信息打錯許多字。你還忘了太太跟你交代的事。一心多用就是同時把好幾件事情搞砸。

你雖有兩隻腳，卻不能同時爬兩棵樹

「我有好多事要做，時間不夠！」「我今天必須把所有事情都做完！」這樣的擔憂許多人都有，但你做事的品質呢？

一次要處理過多的信息，我們的大腦就會難以應付，丟三落四的情況越來越頻繁。一次要處理的事情太多太雜了，以至於放眼望去推積如山，造成焦慮壓力無法專注。一件事還沒做完又岔去做另一件，錯漏百出且效率低下，最終產出的結果只會差強人意。

提升專注力的秘訣就是「一次只做一件事」。道理很簡單，即使你有一百份報告，也只能專注寫一份；你有一百場比賽，也只能專注一場比賽。你也許要完成很多事，但你只能用心關注一件事。

專注一事，就好像是你一天中會做的唯一一件事。當你和別人談話，就一心一意談話；你在閱讀，就集中精神在內容上；吃飯的時候，就心無旁騖地專注用餐；如果你在做菜，全神貫注在做菜，至於其他的事則暫時不管；哪怕後面還有一堆工作，也不要去想。

就像優秀的運動員一般，重點是將眼光集中在球上面，而不是去想上一場比賽或下一場比賽的狀況。如果整天想著接下來的賽事，只會平白無故加重心理負擔，把自己弄的疲憊不堪。

同時追兩隻兔子，一隻都抓不到

紐約中央火車站，是世界最大的火車站，那裡每天都是人潮洶湧，而大廳詢問處匆匆的旅客都爭相搶著問自己的問題，都希望能夠立即得到答案。對於詢問處的服務人員來說，工作的緊張與壓力可想而知。

然而，有一位工作人員卻很特別，他總能顯得輕鬆自如，鎮定自若。有人問這位工作人員：「你是如何保持平靜，把工作處理得井井有條？」

工作人員回答：「我只是單純地一對一服務。忙完了一位，再換下一位。我一次只服務一位旅客。」

是的，你現在正在做的事，就是最重要的一件事。

「一心一意，專注一事」，把它融入日常生活中，每天練習。一次專注服務一位客人、一次專注處理一個病人、一次專注一場演出、一次專注一場比賽、一次專注解決一個問題……。

你若能做好現在正在做的事，就能做好下一件事，就可以把多件繁雜瑣事輕鬆搞定，因為它們需要同樣的專注。

忙碌的人「一心多用」，有效率的人「專注一事」。

習慣一心多用，同時做很多事情，會導致我們精神不集中，容易出錯，長期下來會變健忘、恍神，影響到思考與問題解決能力，常手忙腳亂不知所措。

一次只專心做一件事情，做的時候完全專注，做完就完全放下，再專注地做下一件事。不但能在紊亂中保持冷靜，發揮最大的能力，更會感到自信且充滿活力，能在最少時間完成最多的事。

當下這一刻才是眞實的

我們經常在過去、未來之間游移不定。不是活在還未參與的未來，就是徘徊在無法改變的過去，這兩者都是不存在的虛幻。

過去已經過去，無論我們過去多麼美好，曾憤恨難平，做錯了某些決定，或因已經發生的事感到後悔、懊惱，過去已回不去；而未來還沒有來到，無論我們夢想是什麼，擔心會發生什麼事，害怕事情如何發展，這些全都是我們對未來的假設與揣測。只有現在，當下這一刻才是真實的。

我們生活的每個時刻都是現在，我們無法呼吸到昨天或明天的空氣。我們全部的生命體驗永遠都只在此刻；除了這一刻，我們無法再體驗別的，我們無法在此刻體驗昨天的晚餐，也無法在此刻表現好明天的考試。如果我們沉陷在對過去或未來的胡思亂想中，就錯失了此刻。

心不在焉，如何感受到當下的幸福與美好？

你有沒有檢視過自己的生活，看看自己有多少時候從當下缺席。早上起床，你在盥洗、吃早餐的時候，已經在想今天要穿什麼，準備要進行的事物。開車上班的時候，忙著在車流中穿梭，同時聽著音樂，思緒卻飄到辦公桌上堆積的文件。你沒辦法專心開車，也沒好好聽音樂，也無法處理任何文件。

到了公司，你急著完成手頭上的事，心中盤算著待辦清單中的下一件事。「我要先做這件，再做那件，還是明天再做？還有回家後要……。」你人坐在辦公室，心裡卻想著下班，巴不得這一天快點過完。才過星期三，又巴不得週末快點到來。

當週末終於來臨，你享用美食、泡茶聊天，或家庭聚會時，卻在談論與思考著生活上的總總問題，沈迷於自己的念頭裡：「未完成的報告，厭倦的關係，討厭的工作，還有衣服沒洗、帳單沒繳……。」白白浪費了美好時光。

你發現其中的問題了嗎？陽光灑落窗台，牆角盆栽開出橘色花朵，你沒察覺；伴侶對你傾吐心裡話，你沒傾聽；茶飄著清香，喉韻甘甜，你沒細品。待你低頭看，才發現杯子早已見底，卻連什麼味道都不知道。

生命中唯一能夠確定掌握的，就是當下

我們只能夠體驗到此時此刻，但是我們並不總是能夠意識到這一點。每一個當下，我們就只有一個機會，要不然就去經驗它，要不然就錯過它，我們無法再回到那個當下。即使回到一樣的地方，也回不到一樣的時光；每個時刻流失過後，就再也無法回頭重新來過。

《百喻經》有一則故事。有個人準備了牛奶要招待客人，因為時候未到，擔心若事先將牛奶擠出沒地方放會變酸、壞掉，不如就把牛奶存在母牛的肚子裡，等到請客的時候再來擠。誰知真的到宴客的時候，擠了老半天，牛奶連一滴都擠不出來。主人和賓客只能懊惱惋惜。

愛爾蘭俗諺：「現在的一件好事，勝過以前的兩件好事，以及可能不會發生的三件好事。」享受今天剛釣到的一條魚，勝過昨天已經發臭的兩條魚，或者明天還不知道會不會釣到的三條魚。

過去是記憶，未來是想像，我們只有實實在在地活在當下，才會覺得人生充實滿足。只有當下這一刻，在品嚐、在體驗、在感受，我們才能好好地享受人生，感受幸福時刻。

心靈作家狄帕克・喬布拉說：「活在當下最好的方式，就是覺察自己並非活在當下。」

為何「活在當下」？不在當下，基本上就沒有真正在活。過去，早就過去；未來，尚未到來；因此，在這兩者之間一定要好好活。

如何「活在當下」？把所有精神都集中在你現在正在做的事、正在待的地方，和一起相處的人身上。全然投入，彷彿此時此地世上唯有此人、此事。

活在當下，是所有負面情緒的解藥

「你為何如此沮喪，究竟有什麼事讓你不快樂？」

「因為未來！」

「有什麼事使得你的未來看起來這麼沒有希望？」

「因為過去！」

只要注意一下心情不好的時候，你的心在哪裡，不是放不下過去，就是煩惱未來，對嗎？

如果你懊悔、悲傷、憎恨、抑鬱，你是活在過去；如果你焦慮、恐懼、憂愁、不安，你是活在未來。你沒好好活在當下，否則怎麼可能不快樂？

例如，當你攀登一座高山，沿途陡峭山壁，地勢險峻，你全神貫注，不會想到工作、學校，還有家庭面臨的問題。

你正看表演或電影看得入神，當下除了劇情之外，你完全忘了所有的事情。你不會去想晚餐要吃什麼，難溝通的上司，也不會想到和同學發生的口角衝突，或惦記下個月要交的報告。

心完全聚焦在這一刻，思想會自動停止運作，你會發現令你苦惱煩躁的各種聲音也戛然而止。

活在當下，就是平靜與專注的時刻

有個年輕人過得很不快樂，於是他離開故鄉，千里迢迢去請教一位智者。

年輕人對智者說：「我一直無法快樂，您能幫我嗎？」

智者說：「但我準備要重砌倒塌的圍牆，恐怕沒時間靜下心來思考。」

「修補圍牆的事就交給我吧！您只要專注思考我的問題就好！」年輕人說。

智者答應了，於是年輕人開始挑磚頭、拌水泥，每天忙得渾身酸痛。最後好不容易終於把牆砌好。他興奮地對智者說：「我把工作完成了！」

智者笑說：「你不是說自己無法快樂？但你現在不是很快樂嗎？」

年輕人愣住了。接著他問智者：「請問大師，我為什麼會感到快樂？」

「砌圍牆的時候，你在想什麼？」智者反問。

「我什麼都沒想，只是想砌好牆壁。」年輕人說。

畫家說他們全神關注於繪畫；音樂家說他們全心投入於音樂中，一切都只剩下音樂；專業舞者說跳舞當下整個人沉浸其中，除了跳舞之外什麼都不想。當我們在日常生活時，練習帶著這種專注。

人若能找到一件感興趣的事全心投入，或完全沉浸在當下的活動中時，情緒問題自然改善。雖然我們生活都沒變，還有工作要做，帳單要繳，有孩子要養，有困難要解決，但我們已然改變。

把注意力放在你做的事，而不是你的想法上

常有人問：我經常胡思亂想，沒來由的心情低落，怎麼辦？也曾有好些人問：怎樣才能阻止負面思想？負面情緒怎樣把它除去？我不會說：「不要想太多。」「努力去遺忘。」我會建議：「活在當下。」

許多人以為得到平靜快樂，必須先跟自己心中的負面思考與負面情緒搏鬥一番。結果往往適得其反。當情緒低落時，容易胡思亂想，而心中充滿著各種各樣的煩惱與想法，就愈增加負面情緒。要終結這種惡性循環，最簡單有效的方法，就是專注當下。

心靈大師艾克哈特・托勒如此說：「當你痛苦時，當你感到不快樂時，請

全然臨於當下。所有不快樂或苦惱，都難以在當下活存。」

前陣子住家附近，有個建築工地正在進行作業，可能為了趕工，一早挖土機就開始隆隆作響。「聲音好吵，好煩，我沒辦法專心。」當我這麼想，這種感覺越來越真實。之後我決定利用這段時間整理抽屜，把東西全部重新歸類和收納，等回神過來，才赫然發現過了幾個小時。

把注意力放在你做的事，而不是你的想法上。就像現在你正在讀這本書，如果此刻你全神貫注，你會想到任何不快樂的事嗎？

注意一下情緒低落的時候，你的心在哪裡？

你要不是想著過去，就是想到未來，否則怎麼可能不快樂呢？

你可以追悔過去，然後變得不快樂；你可以憂慮未來，然後陷入不快樂。當你活在當下——全然專注現在做的事，你不可能是不快樂的。

不信你可以試試看，對過去漠然以對，對未來漠不關心，然後再煩惱、痛苦、悲傷看看，那是不可能的。不管你費多大的力量都不可能。

你越接受當下，受的苦就越少

有個老農夫肩上挑著一根扁擔信步而行，扁擔上懸著一個盛滿油的壺子。他不慎失足跌了一跤，把油壺摔得粉碎，這位老農若無其事地繼續往前走。

這時，有個人匆匆地跑過來激動地說：「你不知你油壺破了嗎？」

「是的，」老農不慌不忙地回道：「我知道，我聽到它掉落了。」

「那麼，你怎麼不轉身，看看該怎麼辦？」

「它已經破碎了，油也流掉了——我還能怎麼樣？」他說。

事實就是事實，已經發生了就是發生了——杯子破了就是破了，東西壞了就是壞了，愛失去了就失去了，腿摔斷了就摔斷了……。當某件事發生，而你當下無力改變時，唯一能做的事就是接受它。

在多年觀察後，我發現：許多人之所以不快樂，純粹只是因為他們無法如實接受生命的現況。人之所以受苦，也是因為抗拒當下的遭遇，從而衍生出失望、不滿、憤怒、煩躁、焦慮等情緒。愈抗拒內在愈煎熬，甚至會轉為憂鬱及更嚴重的身心病症。

想要解決，最簡單的辦法是：「接受當下」。道理很簡單，我們唯有承認事實，才有辦法面對問題，並想到接下來該怎麼處理。唯有接受，內心才會平靜，痛苦才能解除。

接受不會改變事實，改變的只有自己的心

什麼是接受？

接受就是順服於既成的事實：比方說，你滿心期待美好假期，出門卻下起

大雨，「真倒霉，偏偏在這時候！」你抱怨咒罵並不能阻止降雨，只會繼續製造並延續不快樂，你能做的事就是接受。

比方，我腿斷了必須坐輪椅，我也接受這個事實，就不會一天到晚自怨自艾。反之，如果不願接受這事實，那會怎麼樣？我的抗拒必然帶來掙扎，不願接受只會帶來更多痛苦，讓自己受困在悲慘的漩渦中走不出來。

比方，另一半難相處，你不斷抱怨、排斥，彼此必定摩擦、衝突不斷。如果接受了事實，「這就是他，他就是那樣的人」，學習懂得去接納，心裡肯定會平和許多。

你注意過那些婚姻和諧的人嗎？他們的伴侶並非都是完美無缺，之所以會和諧美滿，是因為接受對方的缺點，不去抗拒，問題也就不會產生。

接受不會改變事實，改變的只有自己的心。人們總期待人生一路順遂，父母慈善關愛，孩子乖巧聽話，朋友忠誠可靠，戀人溫柔體貼，主管讚美青睞，社會公平正義，身邊都是好人，……有一天你將會覺悟，並非事實跟你作對，而是你沒看清現實，接受事實，那就是為什麼心一直無法平靜自在。

好的壞的都要接受，才能完整地過生活

生命很殘酷，生命也很美好，生命本身不好也不壞。是我們先將經驗貼上「好」或「壞」的標籤，抗拒那些自認為是壞的經驗，才會苦不堪言。如果我們明白這些經驗是人生不可避免的一個很自然的過程，心靈就會大有成長並離苦得樂。

我要講的重點是，你如果試圖安排生命，你會開始覺得生命是對立的，你必須控制一切人事物，你會覺得活得很累。當你抗拒所體驗的任何事情的時候，都是在抗拒當下。當你抗拒當下，就是在抗拒自己的生命。當你抗拒自己生命，就是創造出痛苦。

詩人陶樂絲・杭特如是說：「不帶批判時便是平靜。別無其他。當下在心

的天地裡一切的真實都歡喜接納。」

接受是不帶評價，不帶任何批判地與眼前的經驗共處。接受事物當下的本來樣貌，無論所面對的是什麼，是挑戰、磨難，是不公平、是災難；接受喜怒哀樂，接受年紀變老，接受愛人離開的事實，接受失去過往的所有……好的壞的都要接受，才能完整地過生活。你越是接受當下，受的苦就越少。

如果你無法接受混亂，你的混亂，就會讓你更加混亂。

如果你無法接受壓力，你的壓力，就會讓你壓力更大。

如果你無法接受痛苦，你的痛苦，就會讓你苦上加苦。

接受事情就是這樣，生活本來就是如此，混亂、壓力、痛苦便不再困擾你，慢慢的，心會平靜下來。

如果一時無法接受，先練習不抗拒，去除對立的心態，痛苦壓力就會減輕許多。你不用煩惱下一步該怎麼走，只要不去抗拒，自然會向前走。

安於當下，就是最好的生活

曾參加一個必須外宿的研討會，其中一個參加者對許多事情不斷的抱怨，她不喜歡她的室友、餐廳，對房間更是不滿，「這床太硬，浴室太小；在角落裡，我看見一隻蜘蛛，喔，不要，我討厭蜘蛛。」她覺得這整個地方太簡陋了，缺乏舒適的環境。

活動結束後，她就和另一個參加者一起住進了另一間豪華的飯店。據她的室友說，她在那裡仍然找到許多不喜歡的事情：東西太貴、迎賓水果壞掉，還有停車的地方距離房間太遠。

在一些療養院，也發現類似的現象。大廳裡通常有兩群人，一群人在那裡下棋、玩牌，向進來的人打招呼，他們看起來愉快且友善。另一群人則繃著臉，總覺得每個進來的人都有問題，他們會向訪客抱怨：「這裡的伙食像豬吃的一樣！」「你有沒有聽說他們怎麼亂花我們的錢？」「你知道我兒子多久才來看我一次嗎？」這群人總是滿腹牢騷。

你眼前世界是什麼模樣，就活在那樣的世界裡

在這個世界生活有兩種方式，一種是抱怨生活，另一種是享受生活。我們大多數人都在抱怨生活：天氣太熱、蚊蟲好多、延路塞車、菜色太差、鄰居太吵……事情這樣不對，那樣不好，這樣怎麼可能享受人生？

如果你曾去露營，就會知道自己能期待的事不多。在那裡烹飪，洗澡都不便，睡覺的床、桌椅也沒家裡舒適，更別提有沒有電視、冰箱、沙發，但卻很少聽到有人抱怨。怎麼回事？

因為心無所恃，所以隨遇而安。因為心裡面沒有什麼倚仗的，心裡不奢望，所以在任何境遇都能夠滿足。

知名的演說家艾倫・克萊恩提到，他主持一次冬季七天禪修時體會這個道理。那一次參加的有一百五十人，他們被安排在一所只有一個房間的鄉下民宅裡，靠近門窗的人卻不時抱怨說好冷，坐在房間中央的人卻說好熱。一開始他不斷調高或調低溫度，要不就打開或關上窗戶，結果不論他怎麼做，都無法討好每一個人。最後他決定將溫度器設在一個溫度上，讓參加禪修的人自己照顧自己。

參加者成天起起落落，不是去打開窗戶就是去關上。後來整個情況很有意思的自己得到解決。有位仁兄推開窗戶的力道過猛，結果窗子掉進底下的小溪裡。自此之後，房子裡面過冷或過熱的問題就沒有人再提起過。

你有什麼樣的境遇，就活在那樣的境遇

你眼前世界是什麼模樣，就活在那樣的世界裡。你有什麼樣的境遇，就活在那樣的境遇。這就是整個生活的藝術。

有一年冬天，我到瑞典開會，在飯店認識一對從台灣來自助旅遊的老夫妻。

我心想，他們每天吃牛肉丸、義大利麵、喝咖啡，看的都是美術館和博物館，而且斯德哥爾摩以多島多橋著稱，常常過一個橋就是另一個島，要走遍並不容易。加上當時冬天氣溫約零下十度，老人家應該很不適應。

閒聊之後，果然老夫妻對參觀的景點沒概念，對當地的食物和氣候也在調適中。可是出乎我意料之外，他們玩得很高興。

早餐的三明治和咖啡、晚餐的麋鹿肉吃不慣沒關係，他當成新鮮的嘗試；美術館和博物館看不懂沒關係，他當成出來運動；天氣嚴寒，讓他們有理由送

大衣給對方。

要擁有美好生活，並不需要改善什麼，而是要放下那個念頭，那麼當下就是美好的。

我們一直汲汲營營的設法改善生活，反而忘了享受生活。

現在試試看：學習用享受的眼光去看待當下的每一個境遇。我們可以學習對自己說「現在來享受一下洗碗盤」、「現在來享受汗流浹背的感覺」、「現在來享受一個人的時光」，以一種開放的心去體驗當下。

怨東怨西，只會煩上加煩，何不順其自然，當風吹起，就跟著風兒一起搖擺；當下雨了，就在雨中漫步；安於當下，隨遇而安。

此時此刻，你的心在哪裡？／

我們應該養成自我觀察的習慣，隨時注意自己的心。
讓你覺得難過的，是自己這顆心；讓你覺得愉悅的，也是這顆心。
心若不寬，到哪裡都不會開心；心是喜悅的，做什麼都是喜悅。
心全然處在當下，會得到全然的放鬆與享受；
如果你焦慮不安，一定是心跑到別處去了。

爲什麼你總是不在你在的地方？

有個公司主管，因焦慮的問題跑來找我，她覺得非常苦惱：「工作時，我心裡總是掛念著、想著兒女；陪著兒女時，我又懸念著還沒完成的工作……該怎麼辦？」

有個學生眼看就要考試了，但他卻心神不寧，他說：「我的問題是：我認識一個女孩，可是當我跟她在一起，我就想到考試，當我讀書的時候，又想到她，該怎麼辦？」

我們常常不知不覺受苦，全都是因為自己想要同時置身兩處。例如，待在辦公室的時候想著孩子伴侶、家庭瑣事；在家時候想著還有很多工作沒有完成；工作的時候想著放假休息，放假休息的時候想著跟朋友在一起，跟朋友在一起的時候忙著上網在社交網絡現身……；我們的心是如此難以安於當下，所有的精力都消耗在無謂的虛妄裡，把自己搞得心神不寧、浮躁不安，甚至疲憊不堪。

身與心是分離的，無法感受到眼前的這一刻

我曾參加禪修課，班上有一位女士分享自己的故事。她下班從學校接女兒回家。女兒坐在她身邊，興奮地講那天在學校裡發生的事，還有同學間有趣的互動。她開著車，頭腦裡思索著公司人事糾結，有一搭沒一搭地回應女兒，「嗯……很好，很棒……嗯……」這樣持續一段時間後，她減速等待交通號誌時，突然感到一隻小手扯著她的衣袖。「你在這裡嗎？媽媽？你在這裡嗎？」嬌柔的小聲音從她身邊傳來。

「哇，這聲音如警鐘敲響。我體認到，我真的不在這裡。我總是心不在焉，猶如處在自動駕駛狀態，與當下擦身而過！」

這也是多數人共通的問題。我們總是在想：「等一下要做什麼，做完以後還要做什麼。」為什麼從來沒注意到，自己現在在做什麼？

隨意找個人問問：「走路、開車時在想些什麼？」「跟人聊天時在想些什麼？」多半心思飄到別的地方。例如說，你正和別人談話，一邊聽一邊點頭，其實完全沒有注意聽。開車到達某個地方後，才發現對途中經過的一切都沒有印象。常因恍神而打破東西、弄翻水。沒品嚐食物的滋味，就已經把東西吞下肚。即便是在一場歡樂的相聚，縱使眼睛看了美景，但是，我們身體與心是分離的，無法感受到眼前的這一刻。

想起某次和家人一起到海邊度假，入住的房間打開落地窗直通沙灘，戶外陽台咖啡座相毗鄰，隔壁一對年輕夫妻從坐下起，他們一直不停的討論計畫行程——等一下要到那裡吃晚餐，網路有哪些推薦美食，明天要去的秘境景點多好玩……。

在這個時候，夕陽落日前的餘暉倒映著海平面，無與倫比的美景，然而他們已然錯過。

錯過，就是你的人在那裡，心卻不在那裡

你到一個地方，首先你要問的是：「我為什麼會在這裡？」然後，接下來你要問一個更根本的問題是：「我真的在這裡嗎？」

練習讓自己身心合一。從現在起，只要你注意力開始飄到別的地方去，就馬上回來，和自己的身體同在。

如果你看著夕陽，在那當下，你只是單純地與夕陽同在，觀賞光影和色彩在雲朵天際間的變化萬千，感受眼前的景象。

如果你跟孩子，伴侶或朋友見面，人在一起不夠，心也要在一起。放不下

手機，真正地聆聽對方說話，凝視彼此的眼神，感情才會有交流。

如果你去旅遊景點，人到了之後，別忙著拍照，或拿手機「打卡」，心要與雲彩、山巒、樹木、小動物、來往的人真正在一起。比起證明「我來過」，更重要的是「我在這裡」。

身體在那裡，心就在那裡；身體在做什麼，心就在做什麼。當你全然處在當下，你會得到全然的放鬆與享受；如果你覺得焦慮不安，一定是心跑到別處去了。

試著自我觀察，除了我們所在的地方以外，我們能夠在哪裡呢？

不論你的心去了哪裡，你的身體一直在這裡。

想想，你到某地旅遊，如果你心繫著還沒完成的工作，那麼你能怎麼樣？你能夠回去工作嗎？如果你心不在焉，誰能代替你去聯絡感情？如果你人在心不在，如何體驗和感受到快樂？

回到當下，專注此刻

你的人生處境也許充滿問題，但是找找看在當下這一刻有沒有任何問題。不是昨天或明天以後，而是現在。你在這一刻有任何問題嗎？

昨天有人批評你，你一想起就氣，那是昨天。明天要去比賽，你壓力很大，那是明天的事。一年前那段失敗的戀情，你覺得憤恨不平，但那是以前的事。此時此刻有發生任何事嗎？

可能你會說：「受到傷害，難道要當它不存在嗎？」過去發生的事是真的，但現在，在這一刻，並沒有人傷害你。你耿耿於懷：「被說成那樣，氣死我了！」「他這麼對我，真讓我傷心。」是「此刻」腦中的想法。

人們常常杞人憂天，充滿焦慮不安：「如果出問題怎麼辦？」「如果表現失常怎麼辦？」也是將未來擺在「此刻」來看。因此，請定睛看著當下，在此刻，你是不是基本上一切安好？

忘卻你的人生處境，回到當下

某天，聖法蘭西斯在花園工作時，有人問他：「假使今天太陽下山時，你就會死去，你準備怎麼辦？」

他氣定神閒地回道：「我要先除完花園中的雜草。」

這句話無疑是我們這充滿迷茫不安年代的「暮鼓晨鐘」。許多人擔心地球暖化、經濟衰退、物價上漲、疫情蔓延，怎麼辦？害怕沒工作、沒錢、沒伴，怕生病、怕死亡……如何是好？聖法蘭西斯給了答案——回到當下，專注此刻。

有個廣為流傳的禪宗故事，大意是：一個和尚被一隻餓虎追趕，當他爬下一處峭壁時，衣服被樹枝勾住，他就這樣懸在那裡，底下則是布滿著蛇。這時，他發現周圍的矮樹叢中有一株草莓，於是和尚採下草莓，專心的聞著草莓的芳香，欣賞它的模樣，並小口品嚐，欣喜地說：「哇，這草莓真是甜！」

可能有人會說命在旦夕，怎麼還有閒情逸致？關鍵就在此。如果事情已經確定是不可避免的，擔心有什麼用？何況當我們存在時，就還沒死，而當我們死了，就不存在了，何必害怕呢？

曾問過一位資深消防員，當他衝進火場救人，不知道濃煙前方會是什麼狀況，下一秒會不會閃燃、爆炸，害不害怕？

他瀟灑地說：「如果一直害怕，就算是殉職了，日子也過得不快樂；如果沒有殉職，又何必讓自己過得不快樂？」

誠哉斯言！把生命縮小為眼前這一刻。做好當下的事，認真過好當下的生活，你會更快樂，更有活力。

把生命縮小爲眼前這一刻

我常推薦這種「生活禪」給學生：寫一張「此刻，我在做什麼？」的小卡片，隨時提醒自己覺察自己當下的狀態。

你可以隨時用「此刻」這兩個字提醒自己，「此刻，我正在讀書……，此刻，我正在上班……，此刻，我正在和朋友聊天……，此刻，我正在度假……，此刻，我正在睡覺……。」

當你又不自覺分神，或是迷失在各種念頭、負面情緒時，只要看到這張小卡片，就可以把注意力再拉回到當下。

專注此刻，當我們放下念頭時，我們就放下負面情緒。我們如何放下念頭呢？最好的方式就是回到當下。如果你一直回想痛苦、悲傷的事，請回到當下。如果你焦慮、恐懼未來的事物，同樣的，也請回到當下。即使你想到快樂美好的事，同樣地，也請回到當下。一旦我們的注意力完全集中在此時此刻，就可以從煩惱糾結的問題中解脫。

你的人生處境存在過去或未來，生命則在當下。所以忘卻人生處境，專注此刻吧！

隨時提醒自己專注此刻：此刻我看到了什麼？此刻我聽到了什麼？此刻我體驗到什麼？此刻我感覺到什麼？此刻我嚐到了什麼？

學習禪學所教導的：吃飯時就專心吃飯，細品每一口飯菜的色香味；和人談話時，看著對方專心聽；走路時不要帶著憂愁去散步；睡覺時也不要去擔心明天的工作；將覺知帶回到每一個當下：舒服的床、溫暖的被、緩慢的呼吸、放鬆的身體。要不了多久，你就安然入眠。

心慢下來，生活才會慢下來

世界運轉快速，人越來越匆忙。因為匆忙，我們丟失了心靈的平靜；因為匆忙，我們忽略了關係的維繫；因為匆忙，我們與生命中的美好擦肩而過；因為匆忙，我們忘了為什麼而忙。

我們常常會陷入一種誤區，以為競爭強，就節奏快；求速度，就效率高。其實求快就心急，做事容易毛躁。當人忙得像無頭蒼蠅，往往雜亂無章，反而欲速則不達。

我們以為只要夠忙，就代表充實，有存在價值。其實放慢節奏，能紓解生活的緊湊壓迫感，提升生活品質，更能領略生命的美好和價值。

以前身兼數職忙得暈頭轉向的時候，我也曾自問：「自己到底在急什麼？」也曾懷疑：「一定要這麼匆忙地生活嗎？」不過我馬上便明白了，並非生活忙碌，而是我的心太急。因為習慣了，儘管身可以不忙，心依然很忙。

我開始質疑這種「快速卻不快活」的生活方式。追求更好的生活沒有不對，為了夢想或實現想要的生活打拚也沒錯，但是，停下來，仔細想想：「這是自己想要的生活嗎？真的有活得更好嗎？」

忙，更要慢活

要放慢生活，先放慢自己。先減少工作量，把時間留給最重要的人，專注於真正需要做的事，留下一點空間給自己，不要把每天的時間安排滿檔。

如果停不下來，就先學習讓步調慢下來。試著慢慢吃，慢慢喝，慢慢呼吸，慢慢走路，於是你的心跟著慢下來，生活也會慢下來。

分享一則故事：

有個小孩和爸爸坐在公園的大樹下餵鴿子，涼風從樹梢間穿入，樹影婆娑，雖然是夏日午後，也感到十分涼爽。

爸爸對孩子說：「如果能像樹那樣悠閒，整天讓涼風吹拂，多好啊！」

孩子說：「爸爸，你錯了，樹其實是非常忙碌的。」

「怎麼說？」

孩子說：「樹的根要深入地裡，吸收水分，樹的葉子要和陽光進行光合作用，整棵樹都要不斷地吸入二氧化碳，吐出氧氣，樹是很忙的呀！」

停了一會兒，孩子接著說：「你看，地上的鴿子好像很悠閒地在踱步，其實鴿子是在覓食，牠也是很忙的。當我把玉米撒在地上的時候，悠閒的鴿子就忙碌起來了。」

爸爸說：「對啊！如果我們有悠閒的心，那麼所有忙碌的事情都可以用悠閒的態度來完成。」

這也是我想傳達的。生活可以忙碌，但心態要悠閒。學習讓自己成為一個「感受生活」，而不是「趕個不停」的人。

把自己慢下來，讓靈魂跟上！

很喜歡這句廣告詞，「世界越快，心，則慢。」

慢下來，我們才會有時間去真正的思考；慢下來，才會讓我們更平靜從容；慢下來，才能有更寬廣的視野與胸襟；慢下來，才能細細體會周遭美好的一切。

你有多久沒讓自己享受一下慢時光？多久沒有接觸大自然？有多久沒有躺臥草地，親近大地？多久沒有安靜聽音樂、讀書，或什麼都不做，什麼也不想？

你發現牆角的野草開花了，圍牆邊的樹結了果實了嗎？你注意到繡眼畫眉開始一隻一隻飛來，附近新開了一家咖啡店嗎？

去看看整個自然是那樣地悠閒，那樣地自在。微風徐徐、小溪潺潺、鳥兒啁啾，魚兒悠遊、貓兒趴在那裡紋風不動，一切是那麼放鬆。把自己慢下來，讓靈魂跟上！在夕照斜陽中泡一壺茶，躺在草地上曬太陽，靜靜觀賞一隻採蜜的蝴蝶，不再扮演匆忙來去的過客。你會發現，原來日子也可以如此愜意。

慢活，更樂活。

好比吃一頓美食，狼吞虎嚥只是填飽肚子而已，慢慢品嚐，不只品味食物，也享受當下的時光。

好比沖泡一壺好茶，如果你急於一口乾杯，只能喝到澀澀的苦味，慢慢品嚐，才能領會甘甜、喉韻、清香的滋味。

享受的關鍵，不在於金錢，地位與成就，而在於時間與心境。追求是手段，生活才是目的。把追求看成目的，而忘了享受生活，那可就白活了。

你感到幸福的地方，那裡就有你的幸福

常聽人說，出去走走，或是喝杯咖啡，就很幸福。但是，當我們正在做這些事情時，為什麼沒感覺到？

因為你已身在其中，所以感覺不到。這就好比你在房間掛一幅畫，習以為常就視而不見；好比香花聞久了，就聞不出香味。

泡一杯咖啡，先深吸一口咖啡香；然後喝一口，感覺那微微的酸苦從舌間滑落，抵達喉根時化為說不出的甘甜，這就是感受。

在路上悠閒漫步，感覺到毛細孔被風吹拂，有一種微微的撫觸。去感覺那份清脆圍繞在你身旁，感覺來自大地的芬芳。當你的心沈浸其中，幸福感便油然而生。

幸福不是去「擁有」，而是要「感受」。當我看到一朵漂亮的花，就一定要將它帶回家嗎？當我能欣賞感受到美好，就已經得到它的本質，它在花園，跟在我家並沒有兩樣。你也不需要買下一座森林，一間學校，只要你願意走進去，馬上可以享受其中。

幸福，不是去「尋找」，而是要「覺知」

多年前一位親戚到屏科大任教，我問他：「到那麼偏遠的地方會不會不習慣？」

他笑說，是有點不太習慣，好像每天都在「度假」。

怎麼說呢？「因為我們校區依山傍水，視野遼闊，校園裡有牧場和草原，景色怡人，養數百頭乳牛，還有人每天打掃，這跟長期住在郊區別墅或度假農場有什麼兩樣？」

他還說，現在校園中有幾樣植物正值開花季節，如阿勃勒、鳳凰木、相思豆和大花紫薇等，邀請我抽空前往賞花。

是啊！人們汲汲營營去擁有，卻未必真能享受，然而如果你懂得欣賞，生活中處處有驚喜。

行經街道時，可曾注意一旁的路樹已隨著季節轉變，木棉花的紅，已變成阿勃勒的鮮黃，一抹淡紫是藍星花，秋天紅綠交錯的是台灣欒樹，就算只是在路口等紅綠燈，也成了美麗的邂逅。

法國哲學家阿蘭的名言：「就像草莓帶有草莓的味道一樣，生命帶有幸福的味道。」每一個春天，繁花盛開；每一個秋天，楓葉轉紅；黎明時分，淡青色的天空鑲著幾顆星；夜幕低垂，夕陽餘暉染紅整片天空。這不是現在才發生的，而是一直都在。

那些到處尋找幸福的人，是把幸福遺忘的人

人最大的不幸，就是不知道自己有多麼幸福。

其實，我們已經擁有那麼多了，心卻不在擁有的東西上，我們一直在找尋那些沒有的。結果，越想自己欠缺的，就越發沮喪，而越沮喪就越會去想欠缺的。於是，我們變得不滿，總是抱怨，這就是不幸的由來。

其實，我們早就擁有幸福的一切元素，欠缺的只是覺察的意識。如路旁的野花、松鼠，乃至河邊的白鷺鷥，當你仔細感受，這時候野花、松鼠，白鷺鷥都為你存在。如果你視若無睹，也等於什麼都沒有。

想起有次到福壽山農場，清晨特別早起，坐在木屋前椅子上，心沉醉於朦朧的晨曦中，感受透人心脾的涼風，一隻金翼白眉就在眼前跳上跳下，時而停下來與我對望，那可愛優雅的姿態，讓我驚喜不已。看到這一幕，太太說：「牠是特地飛來給你看的！」我一直記得她所說的，牠是特地飛來給我看的。

眺望遠處，風景迷人，走進風景，原來自己也是風景。與其竭盡心思追求，
不如停下來感受——你看見幸福的地方，那個地方就有你的幸福。

也許你認為自己得到什麼就會幸福，但是你可以捫心自問：「這些東西真能帶來幸福嗎？」你可以檢視自己，「幸福到底從何而來？」只要覺得幸福就是幸福，因為除了你之外，還有誰能替你去感受？

當你在洗臉時，去感受水滋潤皮膚的感覺是幸福；上床睡覺時，去感覺被單的柔軟是幸福；換上乾淨內衣的舒適感，沖個澡的清爽感裡是幸福；看到孩子一天天長大是幸福；吃媽媽做的飯菜是幸福；寵物熱情歡迎你回家是幸福……幸福就在身旁，你需要的是用心感受。

生活是自己在過，不快樂是比出來的

要讓一個人不快樂最快的方法大概是和別人比較，你只要一開始和人比，許多快樂都會煙消雲散。

例如，高興買到球鞋，後來發現同學新的球鞋更炫；買到特價品以為賺到，之後發現有人買到更便宜的，覺得很嘔。

老闆決定幫你加薪，正開心興奮，得知隔壁同事調薪更多，心裡很不是滋味；朋友的另一半溫柔體貼又會賺錢，接著再回頭看看自己的，哎！就別提了……。

別人的幸福會影響你的快樂，是這樣嗎？當然不是！

不快樂是拿自己跟人比：「工作能力差不多，為什麼他的薪水比我高？」「他的房子比我的大、比我的美。」「她一天到晚旅行，比我的生活有趣多了。」「朋友的丈夫對她百依百順，不像你一點都不溫柔體貼！」如果我們凡事都這樣比較，拿別人比你更好的事，拿自己不如人的經驗來做比較，將會不斷沉淪在抱怨不滿及失望中。

當你羨慕別人，也許別人正羨慕你

哲學家蒙田說過：「一個人只想要快樂，這或許不難做到，可是如果他想比別人快樂，這恐怕就很困難了，因為別人其實沒有我們想像中那麼快樂。」

不要拿別人的幕前，與你的幕後相比。例如，你可以看到我在海邊很愜意的模樣，你也可以看到我今天又去吃了哪家新餐廳很開心的照片。但是，你不會看到我工作忙碌，睡眠不足狼狽的樣子；你不會知道，每個光鮮華麗的照片後面的故事。

我想起一位上市公司的董娘，每次見到她時都衣著華麗，但臉上卻總是眉宇深鎖。我們若把目光放在她的衣物和鑽戒上，都會覺得很羨慕；但是若把目光落在她眉頭上，就又覺得她很可憐。

有一個企業家，在年近七旬時遁入空門，曾感慨說：「這輩子所結交的達官顯貴不知凡幾，他們的外表實在都令人豔羨，但深究其裡，每個人都有一本很難唸的經，甚至苦不堪言。」

別人的生活真正過得怎麼樣，也只有當事人能夠知曉。當你在羨慕別人的比你更強、更富有或更聰明能幹；也許別人也羨慕你有才華，日子悠閒或是孩子優秀，只是你不知道而已。反過來，你也不知道你所羨慕的人，可能有很多債務的壓力，有失眠的困擾，或是心裡藏著一段傷痛的事。

各自有各自的人生，有什麼好比？

有個家庭主婦總是一開口就是抱怨，某天她和丈夫談起鄰居一位單身、時髦的小姐。

「我聽說那位小姐是個公司主管，看起來很能幹。」太太抱怨說，「哪像我只是個家庭主婦，我真羨慕她！」

丈夫回答：「其實當家庭主婦也不錯啊！」

太太又說：「那個小姐每天都穿著漂亮的套裝，而我卻連件像樣的衣服都沒有！」

丈夫回答：「她時常應酬到半夜，聽說身體都搞壞了。再說妳要套裝做什麼？又穿不到……。」

太太覺得不服氣：「那她的每個皮包都是名牌的！哪像我，用的都是地攤貨，你為什麼都不買名牌皮包給我？」

「唉！」丈夫無奈地回道：「那是人家辛苦賺來的，要怎麼花錢是她的事。我一個人的收入要養一個家，怎麼負擔得起？」

太太聽到這裡，覺得有點委屈，紅了眼眶。

「妳別難過……」丈夫安慰她說：「其實，妳有一個顧家的老公，還有兩個可愛的孩子，這些都是『那個小姐』沒有的呀！」

太太這才露出微笑。她才想到，自己本來就是「這個」家的妻子、母親，而不是「那個」小姐。

「別人是別人，我是我！」記住，生活是自己在過的，不快樂是比出來的。當不快樂時，注意一下，是否又在心裡「比」了什麼？

停止拿自己和他人比較，做這兩件事。

一、安於自己位置。想像你到劇院看表演，坐在後排，卻一直羨慕前排位置，怎麼好好觀賞？一個快樂的人，就是認清自己位置，且能安於自己位置的人。

二、學習感恩。比較會讓我們專注在他人擁有的事物，忽略自己已擁有的。學會感恩可以提升我們的滿足和幸福感。看見自己生活中擁有的美好事物時，內心就不會充滿比較和忌妒。

心是快樂的，在哪裡都快樂

我們所感覺的世界是心所創造出來的，不管你心情鬱悶，認為整個世界黑暗陰鬱；或者心情開朗，覺得世界光明美好，會產生這些差異的不是外境，而是我們的心境。

你可以回想一下，心情不好的時候，是否變得煩躁不安，充滿抱怨批評，看什麼都不順心？心情舒暢的時候，覺得賞心悅目，見到的人友善親切，連麻煩的事都變少？

當你不快樂，對生活不滿，或是遇到麻煩的問題時，很自然地會想：「假如沒有這麼一個討厭的人事物，生活一定不一樣。」這一點在短期內也許是真的，但當我們避開他們，就不再有任何麻煩，或討厭的人事物？真的從此就快樂滿意嗎？

不，無論到哪裡，我們都會帶著自己，我們都會和自己在一起，都帶著多年的思考模式到自己所到的地方。

愛默生這麼寫著：「我們也許會到全世界去尋找快樂，但是除非我們把快樂帶到身上，否則我們是找不到它的。」人們一直向外尋找，那是搞錯方向。

決定心情，不在環境，而是在心境

說一則故事：蘇格拉底還單身的時候，和幾個朋友一起住在一間小屋。儘管生活非常不便，但是，他每天都是笑口常開。

有人問：「那麼多人擠在一起，連轉個身都困難，有什麼好高興的？」

他說：「朋友們在一塊兒，隨時可以交換思想，交流感情，這難道不是很值得高興的事嗎？」

過了一段時間，朋友們相繼成家，先後搬出去。屋子只剩他一人，但每天他仍然笑逐顏開。

那人又問：「你孤單一個人，有什麼好高興？」

「我有這麼多書啊！一本書就是一個老師。和這麼多老師在一起，時時刻刻都可以向他們請教，這怎不令人高興呢？」

幾年後，蘇格拉底也成了家，搬進了一座大樓。他的家在最底層，環境是最差的，上面老是往下面潑污水，和雜七雜八的髒東西。

那人見他還一副自得其樂的樣子，好奇地問：「你住在這樣的房間，也感到高興嗎？」

「是呀！你不知道住一樓有多少妙處。比如，進門就是家，不用爬很高的樓梯；搬東西方便，不必花很大的力氣；朋友來訪容易，用不著一層樓一層樓地去扣門尋問……尤其讓我滿意的是，可以在空地上種花和種菜，這些樂趣，真是數之不盡啊！」蘇格拉底喜不自禁地說。

過了一年，蘇格拉底把一層的房間讓給了一位朋友，這位朋友家有一個癱瘓的老人，上下樓很不方便。他搬到了樓房的最高層——第七層，可是每天他仍是快快樂樂的。

那人揶揄地問：「先生，住七層樓是不是也有許多好處呀！」

蘇格拉底說：「是啊，好處可真不少！僅舉幾例吧：每天上下幾次樓，可以鍛鍊身體，強健體魄；光線好，看書寫文章不傷眼睛；沒有人在頭頂干擾，白天夜晚都很安靜。」

後來，那人遇到蘇格拉底的學生柏拉圖問道：「我覺得你的老師所住的環境都很糟，為什麼他總是那麼快樂？」

柏拉圖說：「決定一個人心情的，不是在環境，而在於心境。」

世界猶如一面鏡子，它是內心的投射映照

這個世界是心的世界，我們所看到的世界其實都是我們內心的反射。所以同樣的世界，在不同人的眼中會有不同的樣子。

你要是心中有光，眼前就一片光亮；心中有愛，處處都可愛；心是喜悅的，做什麼都是喜悅的；心是快樂的，在哪裡都快樂；同樣，心若不開，到哪裡都不會開心；心中有多少怨，生活就有多少苦；心若紛亂，到哪都靜不下心；內心黑暗，遇到事情就會往陰暗面想。

你怎麼看這個世界，這個世界就怎麼對你。每一次你看事情，它們顯得不一樣，那是因為你不一樣。當你轉變了，你的世界也跟著改變。

我們應該養成自我觀察的習慣，隨時注意自己的心。或問自己：「此刻我的內心有何動靜？」

煩躁不安時，觀察內心：「此刻，是這件事很煩，還是我的心煩躁？」

對人不滿時，觀察內心：「此刻，是那個人很糟，還是我心情很糟？」

生活忙亂時，觀察內心：「此刻，是我的心忙亂，還是我生活忙亂？」

感到心累時，觀察內心：「此刻，是生活讓人累，還是我的心疲累？」

所謂的「悟」，就是看到自己內心。讓我們覺得難過的，是自己這顆心；讓我們覺得愉悅的，也是這顆心。當你了解這顆心如何讓自己吃盡苦頭，同樣的一顆心也能讓我們離苦得樂，你就自由了。

此時此刻，你的內在發生什麼？／

人習慣沉浸在情緒當中，絲毫沒有想過要「往內看」，
觀察一下，你內心正在發生什麼？
你的情緒是否隨著你的念頭一起出現和消逝？
再強烈的情緒，都只是一個念頭而已。
如果你能對升起的念頭加以覺察。
好像我們盯著火爐裡的火，卻不再往裡頭添加木柴。
不論火燒得多旺，若是不再添加燃料，火自然就會慢慢熄滅。

「念頭」是情緒的「源頭」

為什麼狗對你吠，小鳥嘰嘰喳喳地叫，你不會生氣；如果有人在一旁竊竊私語，你會不高興？

因為我們不是只聽到聲音而已，我們在自己聽到的聲音之外又加上一個念頭。當一個聲音到達我們耳膜時，念頭並不存在，就只有聽覺的存在。但是當內心生起了念頭，譬如說：「他們是在講我的壞話……？」「真不知道哪裡得罪了？」「憑什麼對我評頭論足？」心情就跟著起伏。

許多人都聽過忘了把馬桶座拿起或放下毀了婚姻的笑話。其實，問題不在馬桶座，而是念頭：「我都不知道已經說了多少次……。」這個想法引發一連串發火的念頭。諸如：「為什麼連這麼簡單的小事都做不好」、「他總是做些讓我氣惱的事」、「他一定是故意的」……。當生起了這些念頭，就會覺得生氣有理。

心是什麼？心就像一杯白開水，若加點奶粉泡一泡，便成了牛奶；加一點茶就變成奶茶；加點檸檬是檸檬奶茶；再加點蜂蜜是蜂蜜檸檬奶茶。你在心裡加入了什麼，就顯示出什麼樣的心情。心情好時，別人對你說的玩笑話是笑話；心情不好時，別人對你說的玩笑就變成諷刺。

人之所以糾結，是因爲太認眞看待自己的念頭

當「起心動念」之際，必須特別小心注意自己的「念頭」。譬如他說會打電話給我，卻沒打，你認為：「他是在敷衍我」，這是念頭；事情做不好，你認為：「我是失敗者」，這是念頭；有人跟你約會遲到，你懷疑：「他故意讓

我等」，這是念頭。人之所以糾結，是因為太認真地看待自己的念頭。

有一次，朋友答應了要一起去參加一個課程，這是早在幾個禮拜前便講定了，但當天卻不見他出現，當時我的心裡想著好幾個念頭：「明明約好了，怎麼說話不算數？」「要是不能來，應該要早點講一聲。」「真是沒誠信，不夠意思……。」朋友雖事後說明原因，但過了好幾天心裡還是不能釋懷。

念頭本身不具有殺傷力，除非你對它深信不移。你現在可以試試，沒有失望的念頭而變得失望，沒有悲傷的念頭而悲傷，沒有生氣的念頭而憤怒。那是不可能的。放下念頭，情緒也隨之消逝。

《莊子》有一則大家熟知的故事：

在一個煙霧瀰漫的早晨，有一個人滑著船逆流而上。突然間，他看見一隻小船順流直衝向他。眼看小船就要衝上他，他高聲大叫：「小心！小心！」但是，船還是直接撞上來，他的船幾乎就要沉了。

於是他暴跳如雷，開始向對方怒吼，口無遮攔的謾罵著。但是，當他仔細一瞧，才發現原來是條空船，因此氣也就消了。

表面看來，這個人的憤怒是起因於「那艘船」，但其實是來自「是誰魯莽又無禮」的念頭。所以，當他發現船上沒有人時，怒氣也就消了。

觀察念頭，我們就能察覺自己的情緒

常有人問：如何做好自己的情緒管理？

學習隨時隨地去覺察自己的念頭。人習慣沉浸在情緒當中，絲毫沒有想過要「往內看」，觀察一下，「你內心正在發生什麼？你的情緒是否隨著你的念頭一起出現和消逝？」如果能對生起的「念頭」加以覺察，就能掌握管理情緒的關鍵。

西藏有一位高僧叫潘公傑，他每天靜坐時，在面前放黑白兩堆小石子，來辨識善念與惡念。善念出現時，就在一邊放一顆白石子，惡念出現時，在另一邊放一顆黑石子，到晚上檢點。開始時，黑石子多，他不斷反躬自省，最後，他面前全變成了白石子。

想想，當白晝來臨時，黑暗去了哪裡？當心存正念的時候，惡念如何存在？它自然就會消失。一般而言，當你內心愉悅，就意味著置身善念；而若覺得不愉快，就表示你置身惡念當中，此時就該轉念了。

事物不會讓人惱火，是你的念頭讓你惱火。

再強烈的情緒，都只是一個念頭而已。如果你能對升起的念頭加以覺察，情緒自然會消散。好像我們盯著火爐裡的火，卻不再往裡頭添加木柴。不論火燒得多旺，若是不再添加燃料，火自然就會慢慢熄滅。同樣的道理，如果我們能單純看事情，不再添油加醋，憤怒自然無法再繼續下去。所有情緒都是如此。

負面情緒升起的時候，對這些念頭提出質疑：「如果沒有這個念頭，我的感覺會如何？」當念頭不再生起，便心安無事。

你此刻的想法，決定此刻的心情

蟲鳴鳥叫，你覺得吵？還是悅耳？

雨後，你抱怨到處泥濘？還是開心空氣清新？

被交辦任務，你感激被看重？還是懷疑被吃定？

差一點被撞，你覺得真倒楣，遇到這種事？還是真幸運，人都沒事？

一個事件和你對那個事件所建構的實相，是不同的東西。

天空突然下起雨，你覺得「很掃興」，在太陽出現時「很高興」，這兩者都是你思想的產物，和實際上發生的事情並不相干。比方說，你也曾在下雨天很高興。因此很顯然的，經驗不是你經歷了什麼事，而是你如何看待這件事。

巷子衝出一隻狗，你咒罵：「這瘋狗！把我嚇了一跳！」，會覺得自己倒霉；如果你這麼想：「喔！還好衝出的是狗而不是車子。」或許還會覺得慶幸。

面對分手，有人難過地說：「我失去了一個愛我的人。」有人卻覺得欣慰：「我離開一個不愛我的人。」我們的境遇並沒有改變，改變的是我們對自身經驗的看法。

每個人都以自己的想法，創造了自己的經驗

你是否有過這樣的經驗：參加某個新團體，你在進入前這麼想：「裡面的人一個都不認識，也許他們不喜歡我，也許我不喜歡他們，我可能受到排擠。」結果你會有什麼樣的經驗？你可能很難融入，覺得受到排擠。整件事情之所以發生，其實是你自己想出來的。

假設我自己一個人坐在辦公室，也許沒有人注意，沒有人招呼。我就只是

一個人坐在這裡罷了。但是如果我想的是：「我很可憐，大家都不理我，我很難過。」情況會怎麼樣?結果就會正如我所想的。

如果你認為：「裡面的人都不友善。」那麼當有人對你態度冷淡，瞄你一眼、在背後竊竊私語、說了不中聽的話，便證實你的想法。

假如你認為：「別人不懷好意。」那麼對方所有的言行舉止看來都像是刻意或故意的。當你犯錯出糗了，就懷疑對方幸災樂禍；表現善意，又猜想對方有什麼企圖。

同樣的世界，有些人覺得冷酷無情，有人卻覺得無比溫暖；同樣的問題，有些人看到它好的一面，有些人卻看到它壞的一面；同樣一句話，有人感到關愛，有人覺得厭煩；同樣一場雨，有人抱怨被淋濕，有人感恩天降甘霖。每個人都以自己想法，創造了自己的經驗。

你此刻的想法，決定此刻的心情

最近去拜訪一位老同事，我們談了工作上的趣事。之後，他突然轉移話題，講到與主管的衝突事件。在那一刻，他像是變了一個人似的，整個火氣上來。雖然事件發生在幾個月前。但是對他來說，此時此刻卻如此真實。

當我們的思想從一件事跳到另一件事時，我們的人生體驗也跟著改變了。一位朋友陪伴他十五年的愛犬死了。他說：過去這幾個月來，牠狀況愈來越糟，到最後幾天，牠完全沒有進食，甚至站不起來。牠的死讓我很不捨，但也覺得很高興——牠再也不會受苦了。你能區分其中的不同嗎？

曾與許多喪偶的人談過，我發現，若是心裡對摯親離世的想法是：「他死前受盡折磨，痛苦不堪」、「他走了，叫我怎麼活下去」，很容易陷入悲痛。若是想法是：「他已經解脫了，現在不必繼續受苦……」、「他先走也好，由我承擔生離死別的痛苦……」放下釋懷就容易多了。

你有什麼樣的經驗，就看你怎麼想。

這些年來，你是否已習慣使用某種方式思考？問問自己：「是不是我的想法讓我變成現在的模樣？」「是什麼樣的想法造成現在的問題？」此外，「我可以停止這種思考方式嗎？」

想像你正在排隊買自助餐，那裡擺著許多想法，而不是菜餚。你可以選擇任何你要的想法，而這些想法將會締造你未來的經驗。你希望讓現在的想法成為你真實的人生嗎？

你專注什麼，就會發現什麼

在生活中你留意什麼，就會發現什麼。

你走在路上，怕踩到狗屎，就會發現路上的狗屎；如果你對自己臉上的斑點非常在意，只要別人盯著你的臉，就會覺得渾身不自在；如果你有潔癖，可能會對牆上剝落的油漆、磨損的地板，髒亂的桌面感到無法忍受；即使在打掃得乾淨的房間裡，還會發現桌底下的一根頭髮。

你越關注什麼，什麼就會越被放大。我們都有過這種經驗：覺得外面聲音很吵，越注意聽，就覺得越吵；越是朝憂愁方面想，就越感到憂愁；越是想著發怒的事，就越感到生氣。越是痛恨某人，就越常出現在腦中。對方也許只傷害過你一次，然我們卻在心中一而再、再而三，反覆地傷害自己。

許多關係漸行漸遠，原因也在這裡。當我們開始注意一個人的缺失，就更容易看到錯誤，用負面角度來解釋對方的言行，並慢慢忽視這個人的好。最後變得完全無法相處。

愛抱怨的人，總是把注意力放在感到不滿的事情，就越看什麼事都不順眼，感覺全世界都在作對，就越無限循環的抱怨下去。

心，就像相機的鏡頭，對焦什麼就拍到什麼

曾看過完形心理學的書嗎？其中有一張著名的圖片，裡面有一個年老的女人，而在同樣線條裡還隱藏一個年輕的女人。你可以看出年老的女人；但是如果你把焦點轉移，再仔細看，突然間你會看到另一個形態，你會開始看到一個年輕的女人。如果你繼續看那個年輕的女人，你的意識會突然轉變，你會再度

看到那個年老的女人。兩者你都能看到，而你很清楚地知道它們都存在，即使如此，你也無法兩者同時一起看，因為那個年老的女人和那個年輕的女人都是由同樣線條所構成的。

你看到什麼，由你決定。有一句老生常談說：「你可以看到杯子裡只剩半杯水，也可以看到杯子裡還有半杯水。」

你用怎樣的觀點看世界，決定了你所看到的是苦還是樂，是禮物還是詛咒。如果專注曾有過的美好事物，勝利與成就，人生就充滿希望與歡樂；常存感恩之心，喜樂就源源不斷。

相反，老提到過去的傷害與打擊，就再次經歷曾嚐到的痛苦；總是想到他人的過錯，以及厭惡的事，就會被負面的事物所佔據；老看生命中失去的部分，就會永遠活在沮喪當中；老抱怨不如意，就很難感受到生活的美好；總是低頭看著地上的垃圾和雜草，就看不到綠葉和藍天。

路走不通，學會轉彎；事想不通，懂得轉念

一個樂觀和悲觀的人最大的不同，並不是不同的境遇，而是注意焦點不同：「樂觀的人看到的是甜甜圈，悲觀的人看到的是甜甜圈中間的洞。」

記得孩子剛上國中時，常抱怨上課無聊，午餐難吃，所以放學後我常會問他：「今天上課一樣無聊，午餐還是難吃嗎？」他的回應總是意興闌珊。

後來，我改口：「今天學校有什麼好玩或有趣的事嗎？」聽到這問話，他的回應充滿熱情，在學校跟誰玩，發生了什麼事，興高采烈地分享。

對待生活就像對待自己的照片一樣，要擺在最好的角度來看。人生不愉快的事總是有的，想擁有美好生活，並不是拿個袋子把頭罩住，或是咬咬牙就能把消極的思想趕跑，而是要「改變鏡頭」。

路走不通，學會轉彎；事想不通，懂得轉念；關係生變時，多想想曾經美好時光；結解不開時，到外面走走，看看遠山綠水，想想喜歡的人或開心的事。

注意力一旦轉移，情緒也就跟著改變。

一首很老的詩：「兩個囚犯從監獄的鐵窗望出去，一個看到了地上的泥土，一個卻看到了天上的星星。」你看到什麼，由你決定。

心理學家漢斯．席爾（Hans Selye）提醒大家：「要消除心中不愉快最有效的方法，無過於把注意力放在愉快的事物上。」

你無法很開心同時又很悲傷，你無法很喜歡同時又很厭惡，也不可能既相信又懷疑，既陽光又陰鬱，既抱怨又感激……，你只能選擇其一。

試試看，當你展露笑容，就不可能愁眉不展；當你張開雙手，就不可能緊握拳頭；當你走向光亮，就不可能繼續留在黑暗。多留意美好的事物，你就會發現世界原來這麼美好。

你的想法，就只是「想法」

當你的腦海湧現負面想法時，你是否曾喝斥自己快打消這樣的念頭？「就此打住，不要再往下想了！」結果呢？

我打賭你做不到。大腦很頑固，不容易聽從命令，越是強迫大腦不思考，反而越會冒出想法。你可以拿自己做實驗：「從現在開始不要去想檸檬，別想檸檬酸氣撲鼻的味道。」怎麼樣？你會想到檸檬，甚至還流口水，對嗎？

假設今天你跟同事發生衝突，整個心情大受影響。於是你告訴自己：「我不要再去想了！」「我才懶得理他！」但是，當你進出辦公室的那一剎那，心裡想的是誰？整天下來最常出現腦海的又是誰？是他，對嗎？

你思想，而你又用思想來反對思想，你有跳出思想嗎？並沒有，你只是在一個惡性循環裡面打轉。你總是想太多，腦袋老轉不停。你說：「我不要再胡思亂想了。」結果還是念頭紛飛，就像隻母牛用尾巴揮趕怎麼也趕不走的蒼蠅。

想法未必是眞實存在，也不代表就得受其操控

「為何你要反覆思索？為什麼你老是抓著那些讓自己變更糟的想法？」當我問那些反覆思索的人為何要這樣做時，答案很簡單：大家誤以為想久了就會「想通」。他們相信這麼做可以幫助自己克服困擾，可以找到問題解決之道。

然而研究結果卻顯示恰巧相反。如果一開始就陷入對於某個問題的思考，那你無論如何都無法靠思考來解決那個問題。如同愛因斯坦的見解：我們不可能以製造問題的思考方式來解決問題。

過度思考，或不斷重複自己的想法，只會放大自己的問題和困擾。特別是

陷入困局，情緒低落時，低落的心情會引發負面的想法，因而看到的都只會是負面、消極的。就像輪子陷於泥沼，愈去踩油門，車輪就陷得愈深。

要脫離這個惡性循環的方法，便是停止製造負面的想法。許多人在聽到這個建議後會說：「說的容易。」「我也很努力改變想法、但這些負面想法還是不斷出現！」這正好點出問題的癥結。很多思想上的「問題」，正是因為我們認為它是「問題」，它才成為了問題；過分關注它而賦予它重要性，便一直存在心中；太過執著，才甩也甩不掉。

我們思想的八成以上都在重播我們的過去。如果你和多數人一樣，那麼你已經花了一輩子認同這些想法，同時跟它死纏爛打個沒完。卻不曾真正想過，這些想法就只是「想法」，想法未必是真實存在，也不代表就得受其操控。明白嗎？

專注在你所做的事中，痛苦將自動消失

我曾說過一位懼高症女士的故事。

某天她和她先生為慶祝結婚週年，便相偕去登山。爬上大約三分之二的高度時，他們停下來休息。她往前一看，只見山路似乎往兩邊墜下，使她立刻感到非常焦慮，當她對先生表明她的恐懼時，他沒有反應。他的漠不關心令她生氣，所以她再次表達了她的懼怕，她先生還是不加理睬。

在不知不覺中，她的注意力轉而放在先生的不關心所引起的怒氣，反而不再去注意令她害怕的山路了。她就這樣繼續前行，直到最難走的那一段路。一走上那段路，她便意識到，其實這山路並不像看起來的那麼可怕，於是他們便順利走完了全程。

後來她先生告訴她，他完全明白她的焦慮和恐懼，但卻選擇不加理會，而非加以正視而強調了這個想法。

這就對了！我們一直想要放下念頭，卻從未奏效。何不反其道而行——專注在你所做的事情當中，痛苦將自動放下我們。你不需要趕走想法，或強迫自己把負面想法轉成正向思考，只要不緊抓著不放，它自會消散。

坦白說，現在我還是會出現許多負面思緒，不同的是，我知道「那只是一個想法罷了！」當想法不被關注，就不存在你心中，不存在內心，它便不存在你的現實中。

要如何放下負面情緒和想法？

想想，你如何鬆開手中燒燙的石頭？

你只要不再緊抓著就好。

試試這個實驗吧：暫時停止閱讀，去想一件你生活中曾困擾你的問題，想到了嗎？很好，現在你可以自問一個有趣的問題：在你「去想它」之前，這個問題何在呢？只因為你沒有去想，它就不存在。

時時覺察，靜心「觀看」

相信許多人都有看電影或電視被感動的經驗。我們常聽人家說：「那部戲真感人，讓人忍不住落淚。」「那劇情真恐怖……嚇得我全身冒冷汗。」

你知道得很清楚，銀幕上什麼東西都沒有，它只是一個銀幕，就只有影子在上面移動，銀幕是空的。但是當銀幕上出現悲劇，你就覺得難過，你看著別人悲歡離合，你就感動。這是怎麼回事？

因為在那個時刻裡，你把影片變成了真實世界，劇情好笑，就跟著笑；劇情悲傷，就跟著哭，你投入了情感，對裡面的角色認同。

同樣的現象，如果我們深入去看一個念頭、一個情緒，本質也是空的，它的內部什麼原料都沒有。它存在是因為你的認同。認同某個想法，你就變成那個想法。無論你想的是痛苦的過去、茫然的未來、人生無奈，或是糾結的情感。當你認同某個情緒，你就變成的那個情緒，不論是焦慮、恐懼、憤怒……。你越認同，就越是受苦。

你不是困擾，你只是想著困擾的人

那要怎麼辦？

只要嘗試這個小小的策略：「觀看」你的思想，就像走進電影院看電影的觀眾，當你觀看你的想法，你會發覺，思緒不斷來來去去，念頭飄過你的意識自然消逝，又會有另一組不同的念頭。

隨著這樣的觀察，接著你會了解，既然想法可以被你觀察，那麼顯然思想並不是你。

一旦你了解「我有想法，但我不是我的想法；我有各種負面情緒，但那些負面情緒並不是我」，當你覺知到這一點，內心有一種平靜將會包圍你，即使你煩惱的事並不會因此消失，但那想法卻不會再困擾你。

當負面情緒升起時，靜靜觀察那些湧上心頭的情緒。比如說憤怒，不要對抗也不要壓抑，只要看清這個憤怒。

當心中漂過一件悲傷的往事時，就讓悲傷存在，不用說：「我要停止負面情緒。」不用自責：「我不該發脾氣！為什麼控制不住？」這會讓自己升起更多的懊惱與譴責。給予空間讓這些情緒和想法冒出來，然後，讓它離開。

如果你仔細觀看你的心情，你會感到驚訝：你無法一直生氣下去，你無法保持同一個心情，甚至在下一刻你的心情也不會一樣。

每一種情緒都在移動和改變。如果你不刻意抓住，它是無法久留的。

你陷在爛泥裡，但你不是爛泥

一個和尚對他的師父說：「我是一個非常容易生氣的人。請您幫助我。」

他的師父說：「讓我看看你的怒氣。」

和尚說：「此刻我沒有在氣，我沒有辦法把怒氣給您看。」

師父回答：「那麼這個怒氣顯然不是你。因為有些時候，它根本就不存在。」

當你想有意識的去引發負面情緒，是很困難的。情緒只有在我們沒有察覺的狀況下才能控制我們。你所要做的一件事就是：時時覺察，靜心觀看。

靜靜的坐在河邊，河流在流動，泥沙自然沉澱下來，而枯葉、垃圾會順流而下，然後河流會變得完全清澈。你不需要進到河裡面去清理它，如果你去清理它，反而會將它弄得更濁。

靜坐的道理就在這裡，只是靜靜「觀看」自己的思緒，好像它們不是發生在你身上，而是在別人身上的事。

你陷在爛泥裡，但你不是爛泥。你陷入悲傷，但你不是悲傷。悲傷只是你周遭的境遇。你不是你的經歷，只是那個經歷的人。演員成為觀眾，悲傷者成為觀察者，心就會慢慢安定下來。

下回當負面情緒又出現時，記住，只要當一個觀眾。當心中漂過一件悲傷的往事時，你「觀看」的不是「我的悲傷」，而是「一種悲傷」。如果你有一個情緒，要記住：「我不是這個情緒。」情緒在那裡，我只是個觀看的人。

不要進一步捲入劇情。不要說：「我不快樂。」只要說：「這是不快樂。」不要說「我很焦急」、「我很害怕」，這是個錯誤說法，要改成：「這是焦慮」、「這是害怕」……。我是個觀察者。在那個觀察過程當中，你是超然的，你變得跟它有一個距離，就不會隨著劇情陷入混亂。

每一刻，都是全新的開始

一般人都知道時光不能倒流，發生的事無法重新來過，但是我們的心智卻可以。例如：你無法聚集全校師生及家長，重演多年前畢業典禮那一刻感人的場面，但是在意識上，你可以隨時重溫那個難忘的時刻。

再如，你可能在年輕時對父母非常不諒解，但長大後經歷了自己的人生歷程，逐漸了解對方苦衷，選擇放下恩怨，重新接納他們。

當重新看待那些已經發生過的事情，改變對過去的認知，從心智的角度來看，你已經「改變了過去」。

很多人對不愉快的往事耿耿於懷，陷在過去的傷痛出不來，正是因為不相信過去是可以改變的。他們沒有回頭去改變它，而是繼續以受害者的身分過活。要知道，每個人都有過去，要受多大影響，以及正面或負面的影響，是由自己決定的。

想必聽過有人歷經傷痛之後，活得更燦爛，更幸福美好，這就是明證。

未來是由現在決定的，不是由過去決定的

「現在的你」是由「過去的你」所決定的，「未來的你」跟「過去的你」無關，「未來的你」是由「現在的你」所決定的。

認識一位公司總監，家裡重男輕女非常嚴重，上有兩個哥哥，都非常得寵，坐享其成，而她做多少都是理所當然；媽媽的偏心，爸爸的冷落，都讓她深感自卑。為了得到父母的肯定，她努力把書念好，發展各方面的才能，不像哥哥多年來，一直在家中當啃老族。

長大後，她轉變觀點，內心的糾結也因此化開。她覺得，假如沒有經過這樣的經歷，自己可能沒有現在的成就；她同時慶幸，這遭遇讓她有更強的能力去追求自己幸福的人生。

知名心靈作家露易絲．賀說過：「你舊有的想法繼續形成你的經驗，直到你放下它們。你未來的思想尚未成形，而你也不知道它們會是什麼。你現在所想的，完全在你的控制之下。」

改變我們的過去，未來也將改變，因為人生的劇本，是由我們的思想來編劇。當我們今天改變了自己的觀點，也重寫了過去的程式。

過去與未來，都是由現在所創造

「過去」活在「現在」，「未來」也活在「現在」。你有沒有注意過，當想到過去不愉快的事件，多少會感染了在當時經歷的感受？訴說一些對未來期待的事，會令你興奮起來？

當下這一刻是喜悅的，那麼緊接著的下一刻就會是喜悅的。如果當下這一刻是悲苦的，那麼緊接著的下一刻就會創造出令我們感到悲苦的現實。到目前為止，我們所有的經歷就是這麼來的。隨著當下的改變，我們不斷地在改變自己的過去和未來。

《了凡四訓》有段話：「昨日種種，譬如昨日死；今日種種，譬如今日生。」雖然過去的你造就今天的你，你卻不被過去所束縛，因為你可以改變。

如果你發現自己生活一團糟，不必自怨自艾。相反地，你可以充分善用當下的力量。不論你擁有多少的負面思考、差勁的人際關係，或是自我厭惡，都無所謂。人生的每一刻都為我們開放著。

每一刻，都代表著一個新的機會、新的決定。每一刻，都是全新的開始。

永遠都要記住：你不是你的過去；你不是昨天的你，也不是片刻之前的你。因為現在，又是一個新的開始。

現在，試著深呼吸，感覺氣息在鼻孔一進一出。你現在吸進去的這口氣，其實跟前一刻所吸入的已經不是同一口了。

靜下來，觀察你腦中的念頭，其實跟前一刻進入的也不是同一個念頭。只要你的一念之間改變，其實你就已經在改寫你的經驗，一念之間就能做出不同的選擇，一念之間你的未來就有機會因你的選擇而改變。

此時此刻，就是人生最好的時刻／

如果你錯過喜歡的人，你就是錯過了。
如果你錯過孩子的歡樂，你就是錯過了。
某天錯過了細品咖啡、迷人的日落、盛開的櫻花，就是錯過了。
把這許多片刻的一切加總起來，
你可能錯過了人生最棒的體驗，
錯過了人生之中最甜、最美的一段。

現在能做，爲什麼要等到以後？

「今天太累了，明天再開始！」想必許多人常對自己說這句話。明知事情迫在眉睫，還是沒動力，直到最後截止期限才拚命熬夜趕工，後悔沒早點開始，但下次又再度陷入惡性循環。

為什麼「總搞到火燒屁股，還不斷拖延」？一般人都有惰性，想避開痛苦、不想做的事，或怕事情做不好而拖延執行。又因為拖延使得所剩時間減少而出現焦慮、壓力，變得消極、自責甚至自我否定，就更想逃避。

萬事起頭難！我知道。許多人想等最完美的時機，想等到「萬事俱備」後才願意開始行動。但其實「做」才是關鍵，只要起了頭，就有動力。就算你心裡還沒完全準備好，即便是勉強的，去做就準沒有錯！

「在做中學」邊做邊調整，就是最好的學習，所有的事都是如此。當你開始做了之後，就變得自信，你會發現大部分問題都是自己想出來的，其實事情並沒有自己想得那樣困難。

不去開始做，就永遠不會開始

有位榮獲國際文學大獎的小說家舉辦了一場座談會，會後開放大家提出問題，與會讀者的反應非常熱烈。突然，有個男孩舉起手，怯怯地問：「我長大想成為作家，我是不是瘋了？」

作家毫不考慮地回答：「對，你瘋了。」

現場頓時一片寂靜，非常尷尬，男孩更是羞得滿臉通紅。

作家臉上出現了親切的笑容：「你一定是瘋了。長大沒有這麼偉大，你想當作家，現在就可以開始。」

沒錯，「你不用很厲害才能開始，你要開始了才可能變得很厲害。」

你得先開口，才能學會說話；得先去寫，才能學會寫作；得先邁開步伐，才能學會走路，這些道理並不難懂。每項新的技能和成果都需要一定的時間才能達成，等待並不能縮短時間，等待也不能增強你的能力，等待更不能讓你無中生有。

不要讓心中的想法始終停留在「想」的階段，沒有行動的想法就只是想法而已。只有透過行動，你的想法才可能變成現實，變成你的人生。

永遠不會有任何時候，比現在還合適

有一天，法國大元帥馬歇爾叫園丁種一棵樹。

園丁說：「這種樹長得太慢，一百年也長不大，乾脆改種別的樹好了。」

元帥回答：「如果是這樣，那就再也不能耽擱了，現在就種下。」

永遠不會有任何時候，比現在還合適。

別總說，等到有錢、有時間，再去做自己想做的事情。你應該問自己的是：「在有限的時間、金錢，我可以做到什麼？」如果無法做想做的，那就做能做的事。

別總說，等有空再陪父母、孩子。再等等，孩子長大了，就不用你陪了。再等等，父母不在了，再也沒有人，望眼欲穿地等你回來。

別總說，等時機成熟，再開始做一件事，你今天不動，就慢了一步，幾年後，你還在原地。如果你不思改變，今後的人生也會維持原樣。

「我今天做了什麼？」現在就問自己這個問題，「有什麼沒做會感到自責、內疚、壓力或後悔？」開始行動就最好的解方。現在去做很討厭、痛苦的事，不留到明天，這樣就可以少負擔一天，還會有快樂的明天。

你還在等什麼？

如何終結拖延壞習慣？

一、想像完成事情後的美好景象。

例如：想像英文變好，拿到「多益金色證書」，與老外流暢溝通的情景。

二、想像未完成造成的後果。

例如：本來要做卻沒做到的罪惡感；或是延誤造成上司不悅，在客戶心中的形象大打折扣等等。

三、設定完成日期。

例如：想要減肥，只想著「要瘦下來」是沒用的，要設定「二個月要瘦五公斤」，這樣才會有驅使我們達成的動力。

以後，也許再沒有以後

你認為自己的生命無限，所以最想做的事，應該無限延期？

我們每個人都有春秋大夢，想像著某種快樂的未來，期待著某個日子的到來：等我通過考試、等我結了婚、等我賺夠錢、等孩子都長大、等付完了房貸、等到退休了……。於是我們不斷等、等、等。

想做的事，想過的生活，答應的承諾，就這樣一再地延後。有一次去爬合歡山北峰，難忘沿路群山圍繞展望遼闊。我跟太太說，以後每年都來一次，又想一年會不會太少，只要有空就來，回家之後，直到現在，幾年過了都沒再去爬過。

人生永遠有做不完的工作，抛不開的人情世故，許多的問題横梗在前頭。「等到我這個提案過關……」、「等事情沒那麼多，我再……」、「等工作家庭都穩定……」這種話，你跟自己說了多少遍？

古羅馬哲學家塞內卡的肺腑之言：「當我們等著要去生活的時候，生命已經過去了。」許多時候，我們總是把最想做的事情留在最後。可惜，那一天未必會到來。

不要延緩要過的生活

朋友被診斷出癌症未期，大家去醫院看他。離開後在醫院門口感嘆：「唉，他還這麼年輕怎麼會？」

另一人說：「上回還聽他說，等到事業穩定以後，要帶全家出國旅遊。」

這類的場景一直不斷上演。人們總是不停地追求美好，卻往往錯過了當下的美好。

有個朋友的妻子一直想到義大利旅遊，這是她唯一的願望。只是我這朋友老是說，要等到房貸付清，等孩子長大再去。

如今，房貸付清，孩子也畢業、成家立業了，妻子這個夢卻一直沒有實現。她過世了。留下無比遺憾。

還有位學長每次提到這段往事十分感慨：以前太太一直希望他能送花給她，但是他覺得太浪費，總推說等下一次再買，結果卻是在她死後，用鮮花布置她的靈堂。

「我看著妻子死去，我了解一切都太遲了。」大多數留在最後、最想做的事，都只能帶進墳墓裡。

想起一個故事，談到有個人的妻子過世後，他打開妻子衣櫃的抽屜，發現了他們旅遊時所買的一件衣服。她總想留待特別場合才穿。當然，現在她再也沒有機會穿了。這位先生把這件事告訴一個朋友，說：「不要把東西留待特別場合才用，生命的每一天都是特別的一天。」

人生，從來不知道明天和意外誰先來到

有位病人近幾年飽受健康問題所苦。她有了深刻的體悟：這些日子我大都在對抗病魔。一旦身體出了問題，每個日子都會變得更重要，因為你不知道明天會怎樣。在心臟病突發兩、三次之後，我深深明白這個道理。盡可能享受每一天，未來誰也不敢掛保證。真的，要做什麼現在就快去做吧！

人生，從來不知道明天和意外誰先來到。我把以前同事給我的留言擺在桌墊上：「等下週一見面再說。」那是星期五，他臨時有事，跟我的助理留了這句話，星期天的晚上，他心臟病發作往生了，他的人生永遠沒有下週一了。

還有一次我到很遠地方出差，順道拜訪一位朋友，多年未見兩人相談甚

歡，於是他邀我留下用餐，我因還有事待辦而婉拒：「等下次吧！」沒想到，幾個月後，聽到他猛爆性肝炎過世的消息。唉！永遠不會有「下次」！

逝去的無法挽回，失去的便永遠不再；以後，也許再沒有以後。

你是不是也經常把「等」字掛在嘴邊，等下一次，等有空，等以後……。

為什麼要把想做的事一再延後？這問題也曾讓我納悶：新衣，要等到重要的留待特別場合才穿；父母，要等到有時間再關心；愛人，等到以後再珍惜；身體，要等到放假再放鬆……。

要即時去做那些讓你自己覺得幸福、或是讓你鍾愛的人覺得幸福的事。並且記得人生無常。不要延緩要過的生活，別再等待「準備好的那一天」。想做什麼，現在就去做，生命是不等人的。

人生匆匆，珍惜當下

上週我的小學老師辭世，前去弔唁，望著樸實的老宅院依舊，回想年少輕狂的時光仿彿昨日，而今恩師不在，自己已是頭髮斑白，四十五年只是轉瞬間的事。

人生好像很長，其實轉瞬即逝。你感覺不到青春正在消逝，但你的青春已經消逝。人到了一定年紀，似乎都有同樣的感慨：時間怎麼越過越快。

一位老人回憶過往，他告訴我：「一開始，日子會緩慢滾動，多數人對時間消逝沒感覺，心想：等我六、七十歲時，怎樣怎樣。但你很快就會到達那裡，相信我，現在我已活到九十歲，而一切來得如此之快。」

我們大部分的生命都匆匆而過。工作時，很想趕快把事情做完；遇到困難阻礙，希望它快點過去；期待計畫盡快完成，夢想美好生活馬上實現。我們太過專注在結果，而忽略了過程；還來不及細細品味，就只剩下了回憶；還來不及享受美麗的青春年華，就已經到了白髮遲暮。

我們匆匆忙忙地追趕，不知在趕什麼

有個故事值得深思。

一個年輕人出去工作。路上，他撿到了一個神奇的葫蘆。「如果我現在能立刻變得有錢，那該多好！」沒想到他才剛那麼想，他就有了很多很多的錢。

這時候他又想起了自己心愛的女朋友，「如果她能馬上成為我的妻子該有多好！」女友果然就成了他的妻子。

「我有那麼多錢，我不想再等了。我現在就希望有很多孩子可以繼承我的產業。」於是他也有了很多孩子。

所有的過程都被簡化了，他立刻就能擁有想要的一切。年輕人，喔！不，確切地說，他現在已經是老頭子了，他捧著那個神奇的葫蘆，哭了起來。「請求你讓我變回原來的樣子吧。我還是想每天工作，晚上瞞著我女朋友的父母偷偷地約她出門，牽著她的手在樹林裡散步……天啊！還是讓這一切慢慢來吧！」

我們匆匆忙忙地追趕，不知在趕什麼。小時候希望自己快快長大，長大了卻想回到童年；獨身時急著找另一半，結了婚又懷念獨身的美好；孩子還小，我們告訴自己：「等孩子長大，就輕鬆了。」然而當孩子長大後，卻希望時光倒流：「真懷念孩子小時候！」當我們上班時，整天喊著想退休，等到真正退休，卻益發覺得度日如年。我們已習慣沉緬於期待的未來，無暇享受當下，一直到臨死才領悟到沒有真正活過。

人生最大的過錯，就是錯過

生死學有句名言：「人們活著好像永遠不會死，死時卻又好像不曾活過一樣。」

人們害怕死亡，其實真正害怕的，是自己還沒有真正活過。我們錯過了體驗，錯過了欣賞、錯過了享受、錯過了歡樂……生命怎麼就這樣結束。這是多麼悲哀！

有人這麼比喻：人生就像一本書，傻瓜們走馬看花似地隨手翻閱它，聰明的人用心地閱讀它。因為他知道這本書只能讀一次。

生命中的每個情境都只發生一次，多去體驗，豐富精彩人生。當你回首這一生，愛過、痛過，哭過；體驗過喜與悲，苦與樂，人生才算「沒白過」。

人生的每一刻，都是最好的時刻。你只有一次十八歲，也只有一次三十歲，不要按快轉，期待到達下一階段的人生。珍惜當下，即使你覺得日子不好過，也要好好過，等將來回憶現在這一刻，也許你會想回到此刻。

引自《哈佛大學圖書館館訓》：「你所浪費的今天，是昨天死去的人奢望的明天；你所厭惡的現在，是未來的你回不去的曾經。」

人們經常說：「如果人生可以重來，我希望……。」「如果能再年輕一次，我會去做……。」其實現在過的每一天，都是餘生中最年輕的一天。現在就是最佳時機，現在就是最好的時光，錯過了當下，也許錯過一生。

比方說，如果你某天錯過了一個喜歡的人，你就是錯過了。某天錯過了孩子的歡樂，你就是錯過了。錯過了細品咖啡、迷人的日落、盛開的櫻花，就是錯過了。把這許多片刻的一切加總起來，你可能錯過了人生最棒的體驗，錯過了人生之中最甜、最美的一段。

學會死亡，才能學會活著

「如果知道自己快死了，你會做些什麼？」聽起來悲觀的一句話，其實是正向人生練習。接近死亡，可以帶來真正的覺醒和生命的改變，看事情的角度當下就會轉變。

有位企業家談及他的生死觀。他說，「我曾生過大病，住過加護病房，在生死一線間被拉回人間。」從此思索著：「我還有什麼事還沒做，要及時做。」

一位醫生，曾活得忙碌不堪，他在一次手術時心臟突然停掉，在他起死回生之後。他突然開竅了：「從此，我的步調慢了下來。」他說：「有一天我坐在窗戶邊的椅子上，一陣微風吹進來。忽然間，我覺得自己生命中第一次感受到微風吹拂過肌膚的穿透力，這是以前從未有過的體驗。」

很多人在醫生宣布病危之後，才彷彿重生一般。在未生病之前，往往不知道自己要什麼，直到被診斷癌症或重症末期才開始正視生活。他們不會在意瑣碎的小事，不再做不想做的事。也能坦然與人溝通，以更細膩的方式體驗事物，更懂得珍惜和感恩。不留戀過去，也不期待未來，完全活在當下。

如果你知道自己快死了，你會怎麼樣？

在醫院，常看到一些來日無多，但不放棄希望的病人；在生活中有許多來日方長，卻不抱任何希望的人。我常想，假如他們的處境能對調一下，結果必定大不同。

死亡是一則不凡的啟示。就是因為有死亡，人們才開始審視自己的生命，生活方式，以及什麼才是最重要的事。

如果突然你知道自己快死了，你會怎麼樣？你還會汲汲營營，斤斤計較嗎？你還會掛念誰佔你便宜，誰對不起你嗎？突然間，你對物質的欲望會立刻消失。如果你快離開人世，你不會執著於一些芝麻蒜皮的小事，那對你來講已經無關緊要；你也不會再去追求更多的東西，因為已經沒有意義了。

假如你知道再也見不到你所愛的人，你不會珍惜在一起的時間嗎？你不會更有耐心、更溫和、體諒嗎？你當然會的。你不會爭強好勝，花時間去生氣或冷戰，現在已經沒時間了。你會把要求和算計放在一邊。你會拋下面子，說出最真實的愛。你會心存感激，感謝在世上共處的這一段時日。

當你走到人生最後一段，你會積極地把握當下，去做自己想做的事。你不會再如此匆忙，漫不經心。是的，你會放慢腳步，欣賞每個晚霞、星空，季節的變化、飄零的落葉、逝去的春天，你會全心全意好好生活，善用每一分鐘。

把生命當作即將失去的東西，能幫助我們將活在人世間的事視為一份禮物，活得比以前豐富、更開闊。

把每天都當成最後一天來過

想要好好活的最大祕訣就是「死前先死過」。

死亡並不是在最後才發生，它已經在發生，只是不知什麼時候，用什麼方式，找上我們。翻開報紙或打開電視，你會發現到處都有災難和意外，很多都是剎那間發生的，誰知前一天還活蹦亂跳，隔天就天人永隔？

「如果今天是你生命的最後一天，你想怎麼過？」

在課堂上我做過這個練習，大部分人在面對這個問題時，都會有許多感慨，想到自己心裡有許多想做而未能去做的事，該說而未說的話。

例如：有人開始表達對父母的愛，有人想出門前擁抱他們，有人則與感情不睦的手足和好，有人說多麼希望再看一次日出、日落……。

這問題可以很清楚地把矛盾指出來：既然這件事重要到死前要去做，為什麼不現在就去做呢？

這個練習也讓我們明白在自己內心深處，什麼才是最重要的。
學會如何死亡，你就學會如何生活。

存在主義哲學家海德格曾說：「生命是向死而生」，人生不過是走向死亡的進程，我們每往前走一步，就離自己的死亡更靠近。

建議大家，經常細想以下幾個問題：

什麼是你真正想過的生活？

哪些人是你想在一起的人？

什麼遺憾是你最想彌補的？

什麼話是你最想對他們說的？

你會後悔什麼事沒做嗎？你打算怎麼做？

如果不願「死到臨頭方才衝刺」或「為時已晚才後悔」，現在就趕快去做。

快樂不在遠方，而是樂在其中

人的一生，究竟在追求什麼？每個人都會有不同的回答。有的人終其一生都在追逐名利，有人追求成功，有人追求幸福快樂。我以為人生不是在追求什麼，而是樂在其中，若你想追求什麼，而沒有樂在其中，到最後就算達成目標，也不一定感到快樂滿足。

回想一下，在你的一生中有多少次已遂你所願！如果說話算數的話你早該快樂了，不是嗎？你想拿到文憑，你拿到了；你想考上證照，你考上了；你想找到另一半，你找到了；你想有車子，想買房子，也都實現了。你已一次又一次得到想要的東西，有更快樂嗎？

我們常以為，只要達到某個目標，就可以得到快樂，然而大部分的情況是，當我們完成某個目標之後，很快又回復原有的快樂程度——我們又有新目標。就如同希臘神話裡「薛西弗斯」：只知道要認真地、賣命地推石頭，但是石頭推到山頂就立刻滾回山腳，只好再推一次，又滾下來，再推，再滾……就這樣持續下去！

這就是我們追求的人生嗎？

我們以為只要熬過這段時間，情況就會變好，「等孩子再大一點，等存款再多一點，等有更多時間了，等去度假的時候……。」一次又一次，我們會這樣告訴自己，但結果呢？

我們有了新房，卻擔心失業、擔心無法負擔帳單；銀行帳戶有足夠的存款，卻擔心投資虧損、擔心有天錢花光；孩子長大了，又擔心孩子學壞、擔心孩子未來出路；出去度假很開心，回家幾天後，度假的感覺就不見了，生活又陷入往日例行公事中，那分熟悉的不滿無奈又回來。

我們的日子，總是在期待下一階段的人生，想要和渴望接下來會有的東西，卻不曾活在當下。這就是我們追求的人生嗎？

再想想，如果快樂必須達到自己的人生目標，那麼剩下的日子如何呢？如果終其一生都達不到，那麼我們又應該怎麼辦？難道生命就這樣虛度嗎？

當然不該如此。人生這趟旅程，不僅是體驗之旅，同時也是學習之旅。當你有這樣的認知，一旦旅程遇到障礙，你不會懷憂喪志，甚至抑鬱寡歡；相反地，你會利用這個機會看看不同的風景，那將是完全不同的體驗。

你不必到遠方尋找，只要在腳下栽種它

快樂不是目標，而是一種心態，一種存在的狀態。也許你沒辦法出國旅行，

但也別放棄想前往的地方；或許你沒辦法當歌星，但隨時都可以盡情歡唱；也許生活沒什麼大驚喜，也別忽略身邊的小確幸。

幸福的人，不是因為凡事都滿意了，而是知道人生本來就無法盡如人意。美好人生，不是因為生活變好，而是先快樂了，生活才變好。

忙碌時可以快樂、沒錢可以快樂，沒放假也可以快樂。不管我們現在處於何種狀態，順境也好、逆境也罷，都可以樂在其中。

以「薛西弗斯」為例，當他每一次將石頭推上山，專心投入自己全力以赴的每個當下，不急著趕路或老望著山頂；他學會欣賞腳邊的花花草草，感受沿途風景，微風吹拂，快樂就會自己找上門。

有人說：「幸福就像一隻蝴蝶，你追它時追不著，當你靜下來時，它也許會停駐在你的肩上。」想要快樂，首先要做的就是停止「對快樂的追求」。

「現在」就是幸福的瞬間，「這裡」就是快樂的地點，「現在這裡」就是美好的當下，你不必到遠方尋找，只要在腳下栽種它。

一句瑞典格言：「我們老得太快，卻聰明的太遲。」將希望寄予「等到方便的時候才享受」，我們不知失去了多少可能的幸福。不要再等到有一天「可以鬆口氣」，或是「麻煩都過去了」。生命中大部分美好事物都是短暫易逝的，別把時間浪費在等待所有難題的「完滿結局」上。

建立一種樂在其中的人生觀，深知快樂取決於自己，就按照自己喜歡的方式，去度過自己想要的人生。

不留遺憾的人生

現在快畢業了，回憶大學時光，你最遺憾的是什麼？

每次跟學生聊起，最常聽到的是：後悔當初沒認真讀書，什麼都沒學到；而認真學習的人呢，又後悔當初光顧著埋頭讀書，沒參加社團，培養點興趣愛好，沒有好好玩耍、豐富生活。總歸最大的遺憾莫過於：玩沒有玩好，學也沒有學好。

很多人說，最後悔大學沒去打工、交換學生、沒交往幾個朋友、沒有談一場戀愛，當走入社會，這種校園最自由的時光不再，單純的愛很難找到。

是啊！時間一旦過了，再難看到彼此最真實、純真、呆萌的樣子，揣摩不出青澀初戀的滋味。有些願望，當時沒實現，就永遠不會再實現。就像長大後終於買到了小時候夢寐以求的玩具，也回不去當時的心情和感受了。

想像一下，你走進一輩子只能進去一次的遊樂場，你會怎麼度過？是不是盡情地體驗所有項目。等到年老黃昏之時，腦海裡能浮現出在旋轉木馬，在過山車，在大秋千上的燦爛的笑容，你就會心滿意足，因為你已經嘗試了各種體驗。即便將來老了不能再坐，也不會遺憾。

生命走到盡頭時人們最後悔的五件事

多年前，分享過一篇文章，一位在安寧病房工作了九年的護士布羅妮·維爾（Bronnie Ware），她將過去照顧的許多重症病人跟她分享最多次的五件人生憾事，寫成《和自己說好，生命裡只留下不後悔的選擇》。最近此文再次在國內外網站上被大量轉載，你知道是哪五件事嗎？

第一：我希望能有勇氣去過自己真正想要的生活，而不是別人希望我過的生活。

第二：希望我沒有花這麼多精力在工作上。

第三：希望我能有勇氣表達我的感受。

第四：希望我能和朋友一直保持聯絡。

第五：我希望我能讓自己活得開心點。

重讀之時，甚有感慨，我自問：現在的生活，是不是我真正想要的？有一天，我也躺在病床上，走到人生終點，在回首往事的時候，會不會有遺憾？

對我自己來說，現在需要做的部分是減少工作時間，按自己喜歡的方式去過日子。

人一輩子，忙忙碌碌，扮演不同角色，達成各項目標，背負了太多的責任和壓力。努力盡責並沒有不對，但如果因而失去了自己，疏忽了內在的感受，或努力追求幸福快樂，卻覺得自己離幸福快樂愈來愈遠，就該該換個活法、換種人生。

活出自己，活成你想成爲的樣子

我們又該如何擁有一個不留遺憾的人生呢？

別讓這些遺憾，變成你的遺憾。

傾聽內心，去做自己想做的，而不是別人想要你做的事情，至於別人怎麼看、怎麼想，那是別人的事。不要因為害怕辜負別人的期望，就選擇做出違背自己內心的事，因為這是你自己的人生。

別只顧埋頭工作，騰出時間給自己，家人、朋友，或是你的愛好，把時間留給值得的人和值得的事，你會過得更加滿足、更有價值。

有想說的話，就及早說；有喜歡的人，就即時保握，不要畏畏縮縮。勇敢的說出你真正的想法，表達自己內心感受，成為真實的自己，才能讓別人有機會認識真正的你，喜愛真實的你。

遇見愛，好好珍惜，不辜負彼此，單身時，好好的愛自己，不辜負時光。珍惜眼前的一切，珍惜身邊的擁有，珍惜每個美好的存在。

玩的時候就盡興玩，學習的時候更認真些，每件事都盡力去做就會無悔，每個人都認真對待了就無憾。讓自己過得開心快樂，活出最無悔的樣貌，才不負來這人間一趟。

很喜歡艾佛列德．德索薩（Alfred D' Souza）的一段話，在此送給各位共勉：

去愛吧，像從未受過傷一樣；
跳舞吧，像無人會欣賞一樣；
唱歌吧，像沒有人聆聽一樣；
工作吧，像不需要金錢一樣；
生活吧，像今天是末日一樣！

問問自己：有什麼事情，會讓你到臨終前後悔不已？列出一張遺願清單，然後懷抱著你臨終前最想擁有的心願，倒過來活。不留遺憾的人生從「此刻」開始！

高寶書版集團
gobooks.com.tw

HL 077
此時此刻，就是最好的時刻
作　　者　何權峰
主　　編　吳珮旻
編　　輯　鄭淇丰
美術編輯　林政嘉
內文排版　賴姵均
企　　畫　何嘉雯
企　　劃　鍾惠鈞

發 行 人　朱凱蕾
出　　版　英屬維京群島商高寶國際有限公司台灣分公司
　　　　　Global Group Holdings, Ltd.
地　　址　台北市內湖區洲子街 88 號 3 樓
網　　址　gobooks.com.tw
電　　話　(02) 27992788
電　　郵　readers@gobooks.com.tw（讀者服務部）
傳　　真　出版部 (02) 27990909　行銷部 (02) 27993088
郵政劃撥　19394552
戶　　名　英屬維京群島商高寶國際有限公司台灣分公司
發　　行　英屬維京群島商高寶國際有限公司台灣分公司
初版日期　2023 年 02 月

國家圖書館出版品預行編目 (CIP) 資料

此時此刻，就是最好的時刻 / 何權峰著 . -- 初版 . --
臺北市：英屬維京群島商高寶國際有限公司臺灣分公司，2023.02
　面；　公分 . -- (生活勵志；HL077)

ISBN 978-986-506-627-7(平裝)

1.CST: 人生哲學

191.9　　　　111020952